Trismegistus Hermes, Dieterich Tiedemann

Hermes Trismegists Poemander, oder von der göttlichen Nacht und Weisheit

Trismegistus Hermes, Dieterich Tiedemann

Hermes Trismegists Poemander, oder von der göttlichen Nacht und Weisheit

ISBN/EAN: 9783743629264

Hergestellt in Europa, USA, Kanada, Australien, Japan

Cover: Foto ©ninafisch / pixelio.de

Weitere Bücher finden Sie auf **www.hansebooks.com**

Hermes Trismegists
Poemander,

oder

von der göttlichen Macht und Weisheit

aus dem Griechischen übersetzt und mit
Anmerkungen begleitet

von

Dieterich Tiedemann.

Mit Königlich Preußischer allergnädigsten Freyheit.

Berlin und Stettin
bey Friedrich Nicolai.
1781.

Vorrede
des Uebersetzers.

Ueber die hermetischen Schriften ist durch der größten Kritiker Sorgfalt alles so sehr erschöpft, daß noch kaum eine Nachlese übrig scheint. Durch genaue Abwägung innerer Gründe und historischer Zeugnisse haben sich die größten Alterthumskenner dahin vereint, daß vor dem vierten Jahrhunderte, christlicher Zeitrechnung, keine von den uns jetzt vorhandenen da gewesen seyn kann. Ihre Beweise scheinen mir keines erheblichen Zusatzes fähig; daher ich sie in den Quellen selbst nachzulesen bitte. *)

Auch daß sie mehr, als einen Verfasser haben, ist der Kunstrichter Bemerkung nicht entgangen: hier aber bleibt noch eine nähere Un=

---

*) Fabricii Bibl. Græc. Vol. I. p. 46. sqq. Cudworth. Syst. Int. c. IV. §. 18. Bruck. Hist. Crit. Phil. Tom. I. p. 260. sqq. Meiners Religionsgesch. der ältesten Völker p. 222. sqq.

Vorrede.

Untersuchung ihrer Quellen übrig. Bis auf der Verfasser Namen läßt sich nun diese, aus Mangel an historischen Nachrichten, freylich nicht ausdehnen, genug, wenn nur aus dem Inhalte die Menschen=Art angegeben wird, aus deren Gehirn sie geflossen sind. Von allen hermetischen Schriften kann ich, da ich hier nur den Poemander vor mir habe, nicht reden. Und auch von ihm nur, nach Ficins und Flussas (in seiner Sprache nennt er sich François Monsieur de Foix de la famille de Candalle) Ausgaben, als welche bey dieser Arbeit zum Grunde liegen.

Hier besteht der eigentliche Poemander aus funfzehn Hauptstücken; denn Aeskulaps Definitionen an den König Ammon sind, auch dem Titel nach, nicht hermetisch.

Im ersten Hauptstücke reden Poemander, der höchste Gott, und Hermes mit einander; und außer hier, kommt dieser Name in der ganzen Schrift nur zweymal vor. Daß der Verfasser nicht nur mosaische, sondern auch christliche Schriften und Lehren kannte, ist aus verschiedenen Ausdrücken so sichtbar, daß es hier nur berührt werden darf.

Vorrede.

Nächst diesen ist der vornehmste Stoff kabbalistisch, oder, wenn man lieber will, aus orientalischer Philosophie, denn beyde Systeme haben die Lehre von Entstehung aller Dinge aus dem Lichte, vom Lichte als oberster Gottheit, von der Materie, als dem Wesen nach bloßer Finsterniß, mit einander gemeinschaftlich. Gemeinschaftlich auch, daß der höchste Gott vor der sichtbaren Welt einen Verstand aus sich hervorgehen ließe, welchen die Orientaler Demiurg; die Cabbalisten Adam Kadmon nennen.

Dann auch alt- und neu-Platonische Ideen. Alt-Platonische in den ersten, aus zween Leibern zusammengewachsenen, hernach getheilten Menschen; und in den sieben Regierern der sichtbaren Welt, worunter hier die Planeten verstanden werden. Neu-Platonische, in der Benennung der andern Person der Gottheit mit dem Namen: Wort (λογος); in der Beschreibung der Ekstase. Ueberhaupt scheint dies System sich vom Neu-Platonischen nur den Worten nach zu unterscheiden, die fremden Zusätze abgerechnet.

Außer diesen kommen noch noch einige andere, mir nicht bekannte Vorstellungs-Ar-

Vorrede.

ten vor; daß der Mensch, wegen seines Uebermuthes, sich in die grobe Natur verlieben, und dadurch einen materiellen Körper bekommen mußte; und daß der Guten Seelen sich nach dem Tode aus einer Sphäre in die andere erheben, und in jeder eine ihrer Unvollkommenheiten ablegen. -

Nimmt man hinzu noch, daß γνωσις mehr als einmal vom Anschauen Gottes in der Ekstase vorkommt; daß die Gnostiker auch unter den Christen um sich gegriffen hatten, und daß so wohl ihre, als unsers Verfassers Bemühung dahin geht, christliche Religions-Begriffe aus heidnischer Philosophie zu erläutern: so wird man sich geneigt finden, dieses Hauptstücks Verfasser für einen solchen halb-christlichen Gnostiker zu erkennen.

Ob dieser Aufsatz Fragment ist, läßt sich nicht ganz zuverläßig entscheiden; er schließt mit einer Danksagung an Gott für die ihm erzeigten Wohlthaten. Doch vermuthlich gehörte noch mehr dazu; vor dem Gebete sagte er, sein Schlaf wäre wahres Anschauen, und durch Poemander sein Geist mit guten Gedanken erfüllt worden. Vermuthlich wird er diese, nach einer so kurzen

Vorrede.

Einleitung, nicht für sich behalten, sondern seinen Neu=Bekehrten noch fernern Unterricht ertheilt haben. Vornehmlich, da er hier nur den ersten Tag seiner göttlichen Sendung beschrieben, also die Geschäfte der folgenden noch nachzuholen hat.

Ganz anders sind Styl und Inhalt des zweyten Hauptstücks. Hier reden Hermes und sein Sohn Tat mit einander über denselben Gegenstand; der, im Vorbeygehen zu bemerken, durch alle Hauptstücke fortläuft; Gott nemlich; die Welt, und die menschliche Natur. Der Anfang ist aus Aristotelischen Lehren, von der Unbeweglichkeit des ersten Princips; und dem Nichtwaseyn des Leeren, weil Luft alles durchdringt, und leerer Raum Nichts ist; mit Beymischung einiger, wahrscheinlich in des Verfassers eigenem Gehirn erzeugter Grillen.

Darauf folgen Neu=Platonische Sätze; daß Gott das Gute, und das Gute Gott; daß Gott von allen besondern Wesen keins, und doch alle ist.

Dieses Aufsatzes Urheber kann mit Recht für einen Neu=Platoniker gelten; diese pflegten den Aristoteles und Plato vorzüglich zusammenzufügen.

Vorrede.

Das Stück selbst ist unleugbar eines größern Werkes Ueberbleibsel. Johann von Stobi führt noch etwas, dem Fleinischen Texte vorhergehendes an; und auch dies ist noch, den eigenen Worten nach, nicht erster Anfang.

Im Vortrage ist mehr Raisonnement, und im Styl mehr Reinigkeit; und darnach würde dies Stück älter, als das vorhergehende seyn müssen.

Das dritte Hauptstück heißt heilige Rede, ist aber in der That sehr unheilig, nicht dialogisch. Die Ausdrücke sind durchgehends so unbestimmt, daß sich mit keiner Zuverläßigkeit von des Verfassers Quellen sprechen läßt. Erst unterscheidet er Gott von der Materie, und giebt beyden gleiche Ewigkeit. Darauf spricht er von einem verständigen, in der Materie und dem Chaos wohnenden Geiste oder Hauche; läßt die Elemente sich durch ihre Schwere, und des Feuers Einfluß sondern; und nach der Sonderung die sieben Planeten, als Götter sich in ihren Kreisen drehen. Diese bringen alsdann die übrigen Geschöpfe durch eigene Kraft hervor.

Dies alles ist weder Platonisch, noch Plotinisch, mehr aber den Systemen des ältern

Vorrede.

tern Griechenlandes gemäß; als in welchen Gott, Götter, Welt und Thiere sich aus einer gemeinschaftlichen Masse absondern.

Hiezu nehme man, daß von der γνωσις sehr viel vorkommt, und biblische Ausdrücke eingemischt werden; daß endlich die Sprache äußerst mystisch, und der im ersten Aufsatze ähnlich ist: so wird man auch diesen Auffatz für Gnostisch, aber nach eigenen Ideen-Verbindungen entworfen, halten.

Fragment ist auch er unstreitig, wie der abgebrochene und Zusammenhangslose Anfang zeigt.

Des Neu-Platonismus Gepräge trägt das vierte Hauptstück. Hermes und Tat reden mit einander über die Gottheit und das Mittel, zu ihrem Anschauen zu gelangen. Gott, sagt Hermes, hat die Welt durch sein Wort hervorgebracht, er ist alles, und gleicht keinem; er ist das Gute, die Einheit, und der Innbegrif aller Zahlen.

Das Mittel, zu seinem Anschauen zu gelangen, ist, sich in den von ihm gesandten Becher zu tauchen, dadurch überkommt man den Verstand, und durch den nähert man sich der Gottheit. Denn dieser Becher ist mit Verstand (νους) gefüllt. Noch erwogen, daß dies Eintauchen βαπτιζεθαι genannt, und von den Augen des Herzens (οφθαλμοις καρδιας) geredet wird; so läßt sich wohl nicht zweifeln, daß dieser Verfasser nicht mit dem christlichen Systeme sollte bekannt gewesen seyn, und eben hiedurch von der Taufe eine philosophische Erklärung habe geben wollen.

Auch dies Hauptstück scheint mir eines größern Werkes Ueberbleibsel; theils weil der Anfang noch etwas vorhergehendes voraussetzt; und theils auch, weil das Ganze, ohne andere Ideen zu Hülfe zu nehmen, sich nicht wohl verstehen läßt.

Im fünften Hauptstücke redet Hermes allein; und sucht darzuthun, daß Gott überall sichtbar ist. Die Beweise von Gottes Daseyn aus seinen Werken, vornemlich der Aehnlichkeit der Welt mit einem Kunstwerke, wurden in mehr als einer Griechischen Schule, nach Sokrates Erfindung, gebraucht. Auch die Idee, daß Gott alles in allem ist, und sich durch die ganze Welt verbreitet, war mehr als einer Schule gewöhnlich. In Rücksicht dessen also läßt sich dieser Verfasser zu keiner besondern Sekte rechnen. Auch

Vorrede.   XI

Auch nicht zur Neu=Platonischen, denn diese unterschieden die materielle Welt sehr genau von der Gottheit, und gaben eine solche Expansion derselben durch die sublunarische Welt nicht zu.

Gleichwohl ist der Verfasser für das Emanations=System, weil er von Gott, dem Vater, und seinem ewigen Zeugen spricht, und die Schöpfung in einer Sichtbarmachung bestehen läßt.

Hieraus sollte man fast vermuthen, daß dieser Schriftsteller kabbalistische, mit Alt=Griechischen Ideen versetzt, und daraus ein Ding eigener Art gemacht hat.

Fragment eines größern Werks muß es, dem Anfange nach, durchaus seyn.

Auch im sechsten Hauptstücke führt allein Hermes das Wort; und sagt mit verschiedenen Wendungen und Gründen, daß nur Gott das Gute ist. Dies ist bekanntlich Neu=Platonisch; Spuren einer andern Lehre finde ich nicht.

In einem sehr pathetischen Tone redet das siebente Hauptstück zuerst alle Menschen,

schen, gleich darauf ein nicht genanntes Individuum an, um sie zum Anschauen Gottes zu ermuntern. Vielleicht ist dies eine Folge von den im ersten Hauptstücke angefangenen Reden Hermes an das Menschen-Geschlecht; der Ton wenigstens gleicht jenen sehr.

Auch der Inhalt; denn es wird gesagt, dieser Mangel an höherer Einsicht sey das größte Uebel; dessen Ursache der Körper; und das Heil-Mittel, sich den Sinnen zu entziehen. Biblische Ausdrücke scheinen gleichfalls durch; so der Haafen des Heils (σωτηριας); die Augen des Herzens.

Das achte Hauptstück wieder dialogisch, und mit kaltem Blute geschrieben; Hermes redet mit seinem Sohne, aber ohne zu sagen, welchem. Also ist dies Hauptstück ein Fragment.

Die Ideen sind theils aus Neu-theils aus Alt-Platonischem Systeme genommen. Neu-Platonisch, daß Gott die Materie verkörpert, und die Qualitäten zur Bekleidung der Materie in die Welt geschickt hat. Alt-Platonisch, daß die Welt von Gott unmittelbar hervorgebracht, der andere Gott, und von Gott überall durchdrungen ist.

Im

Vorrede.

Im neunten Hauptstücke redet wieder Hermes allein. Die Sätze, daß die Welt Gottes Sohn, und von der Gottheit überall durchdrungen ist, herrschen auch hier. Daneben einige, sonst noch nicht vorgekommene, daß böse Geister dem Menschen böse Begierden einflößen; und ihnen nur durch die Gnosis entgangen werden kann. Endlich auch noch christliche Ideen von der Kraft des Glaubens; also Mischung Alt-und Neu-Platonischer Ideen.

Fragment ist auch dies, weil einer gestrigen Rede, und der Verbindung des gegenwärtigen mit ihr, erwähnt wird.

Das zehnte Hauptstück wieder dialogisch: die Haupt-Ideen, daß die Welt Gottes unmittelbare Wirkung, und der zweyte Gott ist, auch hier herrschend. Dabey der Neu-Platonische Satz, daß Gott das Gute, und das Leben ist.

Kabbalistisch scheint die Vorstellung, daß die Welt einen Kopf hat, und dieser Kopf das denkende Wesen (*vous*) ist. Auch daß der Verstand in der Vernunft, die Vernunft in der Seele, die Seele im Geiste, und der Geist im Körper wohnt, nebst einigen ähnlichen;

Vorrede.

chen; denn bekanntlich ließen die Kabbalisten die Seele aus mehreren in einander eingeschlossenen Theilen bestehen. Was von der Seelenwanderung gesagt wird, ist weder ganz Neu-Platonisch, noch ganz Kabbalistisch.

Fragment ist auch dies; aber aus einem ganz andern, als dem vorigen Werke; weil auch hier von einer gestrigen Rede etwas erwähnt wird. Beyde Schriften also waren in gewisse Unterredungen und Reden nach Tagen abgetheilt.

Im eilften Hauptstücke redet der Verstand zum Hermes. Daß Gott alles in allem, und das Gute ist, behauptet auch er; mischt aber dabey manche ganz fremde Raisonnements ein. Die Ewigkeit (ὁ αἰων) habe die Welt gemacht, diese ist in Gott, und die Welt wieder in ihr. Dieses Wortes vorzüglicher Gebrauch bey den Gnostikern läßt vermuthen, daß dies eines Gnostikers Geburt ist.

Der Anfang zeigt, daß noch etwas vorhergegangen ist; also auch dies ist Fragment einer von der vorigen verschiedenen Schrift.

Das zwölfte Hauptstück wiederhohlt dieselben Lehren, daß alles in Gott, Gottes Glie-

Vorrede.

Glieder, und von Gott durchdrungen ist. Darunter stehen Neu-Platonische Sätze von der Ideen und den Zahlen; auch, nicht verdaute Aristotelische Sätze. Die Form ist dialogisch, aber nichts ganzes; denn es wird, in Ansehung des Fatum, auf etwas vorher gesagtes, aber in allen diesen Schriften nicht vorkommendes, verwiesen.

Im dreyzehnten Hauptstücke redet Hermes zum Tat von der Wiedergeburt (παλιγγενεσία), worunter er die Befreyung von Lastern, und die Mittheilung richtiger Erkenntniß von Gott und göttlichen Dingen versteht. Den Urheber derselben nennt er Gottes Sohn, den einzigen Menschen. Nach diesem also wird man wohl nicht zweifeln, daß der Verfasser christliche Lehren kannte.

Diese Wiedergeburt, sagt er, geschieht dadurch, daß die Dekade göttlicher Tugenden und Kräfte die Dodekade angebohrner Laster aus uns vertreibt. Man sieht, er will diese christliche Lehre aus pythagorischen, oder kabbalistischen Zahlen-Grundsätzen erklären.

Nebenher erwähnt er auch noch, Poemander habe von der Zahl acht etwas offenbaret, welches sich aber im gegenwärtigen nicht findet.

findet. Hiemit den vorhergehenden Ausdruck verglichen, daß der Gute Dämon etwas offenbart habe, welches gleichfalls in unserm Poëmander nicht steht; wird man sich der Vermuthung nicht erwehren können, der Poëmander sey ehemals um ein beträchtliches weitläuftiger, und manche von diesen Fragmenten zu Commentaren über ihn bestimmt gewesen.

Auch dies Hauptstück ist einer größern Schrift Bruchstück; Tat bittet gleich anfangs um Erklärung einer in Hermes allgemeinen Reden enthaltenen dunkeln Stelle.

Von andern in den vorhergehenden Abschnitten herrschenden Ideen kommt hier nichts ausdrücklich vor.

Das vierzehnte Hauptstück ist in Form eines Briefes an den Aeskulap abgefaßt. Er behandelt hier nur die Gemeinplätze, daß Gott ist, daß er das Gute ist, daß er aller Wesen Vater ist, und das Uebel nichts, als nothwendige Folge des Guten ist. Das übrige, wo mehr charakteristische Sätze vorkommen müssen, ist verlohren gegangen.

Das funfzehnte Hauptstück ist ein Fragment aus Johann von Stobi. Merkur

kur redet mit Tat, und belehrt ihn von dem
schon Platonischen, vielleicht auch noch wohl
Pythagorischen Satze, daß auf Erden alles
nur Scheinwesen, ohne Realität, ist. Zusatz
fremder Ideen wußte ich nicht gefunden zu
haben. Eben der Art ist auch das andere Fragment von Gottes Unbegreiflichkeit.

Das letzte vom Tode enthält, wo nicht
fremde Ideen, doch wenigstens Ausdrücke,
die ich zu erklären, also auch den Ursprung zu
bestimmen, nicht wage. Die Grund-Idee,
Seelen-Unsterblichkeit, ist allein nicht charak-
teristisch.

Aeskulaps Definitionen im sechzehnten
Hauptstücke tragen ihrer Unächtheit Doku-
ment an der Stirne. Der weise Mann fürchtet sich für Uebersetzung seiner Schrift in das
Griechische, zu einer Zeit, da noch nur Pe-
lasger existierten. Oder, sahe er Hellenen im
prophetischen Geiste, warum nicht auch, daß
diese Furcht ganz unnöthig war? Es sind
aber keine logische Definitionen, sondern mehr
Grundsätze, λυριαι δοξαι. Alles, heißt es, ist
Eins, Gott und das Universum, die Sonne
desselben Mittelpunkt, Regierer, höchster Gott.
Dies ist nicht Platonisch, in keinerley Sinne,
vielleicht Pythagorisch; denn einige wollen
doch Pythagorische Lehrsätze so verstanden
haben

XVIII   **Vorrede.**

haben, als ob die Sonne der Welt Mittelpunkt, und Jupiters Wohnsitz sey. Wie der Verf. damit seine die sinnliche Welt umschließende Intellektual-Welt reimen will, mag er selbst wissen. Anderer Neu-Platonischer Zusätze nicht zu gedenken; aus welchen man den sinnlosen Synkretisten sieht.

Was auf diese Definitionen in Ficins Uebersetzung folgt, erkennt auch er nicht für ächt; sicherer Beweis, daß es sichtbare Zeichen der Unterschiebung an der Stirne trägt.

Aus diesem allen nun lassen sich folgende Sätze abziehen; alle diese Stücke sind bloße Bruchstücke; sie sind aus verschiedenen verschieden denkender Männer Schriften gezogen; sie sind endlich nichts weniger, als der vollständige Poemander.

Der meisten Haupt-Absicht geht dahin, christliche Religion mit einem gewissen Neu-Platonischen und Kabbalistischen Enthusiasmus zu verbinden, und deren Lehren aus philosophischen Grundsätzen zu erklären; davon die vornehmsten, und am allgemeinsten hier herrschenden folgende sind: es existiert ein einziger, ewiger, guter, immaterieller Gott, dessen Wesen Licht ist. Seine ewige und nothwendige

Vorrede.

tige Wirkung ist die Welt, als welche durch seinen Willen von ihm ausgeflossen, von ihm überall durchdrungen, und in ihm befindlich ist. Gott also ist der Vater, und die nach ihm auch göttliche Welt, der Sohn. Zu seinem Anschauen kann man nicht anders, als durch den aus ihm in alle Thiere geflossenen Verstand gelangen; daher muß man sich von den Sinnen, und allen körperlichen Reizungen zu entfernen, sich ganz in sich zurückzuziehen, und dadurch das sinnliche Licht aus dem göttlichen Verstande auf sich herab zu ziehen suchen. Wem diese Gnade von Gott zu Theil wird, der kehrt nach diesem Leben zur Gottheit zurück, und wird im eigentlichen Sinne vergöttert. Gottlose hingegen, und sinnliche Menschen werden von bösen Dämonen gereiniget, oder in thierischen Körpern für ihre Vergehungen gestraft.

Dies alles wird, in den Mantel der Offenbarung und des Geheimnisses gehüllt, zur Mystik gemacht. Ehe Alexandrien aller Philosophie und Gelehrsamkeit Hauptsitz wurde, hatte Mystik unter den Griechen nicht viel Raum gewonnen. Pythagoras und einige seiner ersten Schüler fiengen zuerst an, in mystischem Tone zu reden, und von Offenbarungen sich manches entfallen zu lassen. Xenophon nennt

Vorrede.

nennt deswegen die Pythagorische Lehre (τε ρατωδη σοφιαν) eine wundervolle Weisheit; und nach glaubwürdigen, alten Zeugnissen sprach Pythagoras von Götter-Erscheinungen, und außerordentlichen Offenbarungen. Empedokles wollte Wunder thun, und schrieb ein Werk über die Reinigungen, (καθαρμοι) voll wahrscheinlich von mystischen Ceremonien.

Allein unter den Philosophen wurde dies weder allgemein, noch dauerte es lange; der Philosoph, zu sehr Freyheit athmend, und theils durch geraden Menschenverstand zu sehr geleitet, suchte durch eignes Nachdenken Wahrheit auszumitteln. Dazu kam, daß man von ihm Beweise verlangte, und er folglich in dem Vorrathe seiner eigenen, und anderer gewöhnlichen Begriffe tief nach ihnen forschen mußte. Wer aber sich mit gründlichem Raisonnement und ernstlichem Forschen nach Wahrheit beschäftigt, dessen Einbildungskraft wird nicht mehr Thätigkeit genug zu Entzückungen behalten können.

Ein Land, wie Aegypten, voll des blindesten Aberglaubens, seit Jahrhunderten durch Priester-Künste mit Geheimnissen und Götter-Erscheinungen erfüllt; dessen ganze Luft nichts,

Vorrede.

nichts, als blinden Enthusiasmus duftete;
konnte nun den Geist der Schwärmerey wieder
beleben. So bald Minerva in Alexandrien
ihren Thron aufgeschlagen, und der Ptolemäer
Freygebigkeit Gelehrte dahin gelockt
hatte: fieng die Griechische Weisheit an, um
Aegyptischen Beyfall zu buhlen. Angesteckt
von des Landes Luft, nahm sie allmählig der
Einwohner Farbe an sich; kleidete sich in Aegyptische
Ausdrücke, und suchte, sich mit Aegyptischen
Vorurtheilen zu vereinen.

Daher fiengen die neuern Platoniker
nach und nach an, den schwärmerischen Theil
von ihres Lehrers Verlassenschaft vorzüglich
anzuwenden, ihn mit Zusätzen aus Aegyptischen
Tempeln zu vermehren, und von Erscheinungen
und Beschwerungen der Geister
zu reden.

Die Liebe zum Wunderbaren wurde
durch die immer stärkere Ausbreitung des
Christenthums noch mehr angefacht. Da die
Philosophen sahen, daß dies neue System
dem ihrigen gänzlichen Umsturz drohte; daß
Wunder vorzüglich Proselyten machten: so
durchsuchten sie eifrig den ganzen Wust von
Priester-Fabeln, um sich, wo möglich, auch
zu Wunderthaten empor zu schwingen. Käl-
te

te Menschen-Vernunft ward ihnen Ekel, und konnten sie außer sich kein Wunder wirken: so erfüllten sie wenigstens ihre Einbildungskraft mit Erscheinungen, Anschauen und Offenbarungen, deren Würklichkeit ihnen so leicht nicht streitig zu machen war.

Hiezu kam noch der Eifer, dem Christenthum wenigstens dadurch Abbruch zu thun, daß sie dessen Aechtheit verdächtig machten, und es aus uralten und ehrwürdigen Quellen herleiteten. Man nahm also einige von dessen hervorstechenden und auffallendsten Lehren, versetzte sie mit philosophischen Ideen, und stellte sie dem Volke als längst vom Hermes vorgetragen dar.

Doch bald hätte ich über dieser Abschweifung den Namen Poemander (ποιμανδρης) zu erklären vergessen. Eine Stelle im geheimen Lobgesange mag dies statt meiner verrichten; hier heißt es: der Verstand weidet deine Vernunft (λογον τον σον ποιμαινει ὁ νους). Poemander wird mehrmals des Selbstständigen Verstand (ὁ τῆς αυθεντιας νους) genannt; er also ist es, der die Vernunft unterrichtet, oder erleuchtet. Denn der Zusammenhang giebt, daß hier ὁ λογος σος der göttliche, unter die Menschen ausgetheilte Verstand ist. Folglich

Vorrede. XXIII

lich heißt der göttliche Verstand Pöemander, weil er die Menschen erleuchtet; (ὁ τῆς ἀυθεντίας νοῦς, oder φωτίζων τοὺς ἀνδρας). Auch diese Benennung ist sichtbar aus christlichen Jdeen hergenommen.

Oben sagte ich, daß Ficins und Flussas Ausgaben bey dieser Uebersetzung zum Grunde liegen. Man wird fragen, warum nicht die bessere von Patricius? Weil ich diese nicht hatte, und weil hoffentlich auch die meisten Leser nach dieser Probe das etwan fehlende nicht sehr vermissen werden.

So wohl im Terte selbst, als auch in der Uebersetzung habe ich manche Fehler zu verbessern gesucht. Im Terte, weil auch Flussas, obgleich Kritiker, doch manchmal den Zusammenhang nicht genug vor Augen, und Schreibfehler übersehen hatte. In der Uebersetzung, weil beyde Uebersetzer manche Stellen nur dem Buchstaben nach ausgedrückt hatten. Zuweilen habe ich in den Anmerkungen Beyspiele angeführt; immer, würde zu langweilig, auch zu wenig erheblich gewesen seyn.

Woher die Anmerkungen entlehnt sind, wird man schon aus dem gegebenen Abrisse

des

Vorrede

des Inhaltes schließen. Von Fluffas, und Rossels unermeßlichen Commentaren (die alles enthalten, selten aber, was man zu wissen verlangt) und Ficins kurzen Erläuterungen werden Kenner sie verschieden finden. Beyde wollten diese Schriften durchaus ächt finden, beyde konnten also nicht zu den rechten Erläuterungs-Quellen gelangen. Oft aber, wo meine geringe Belesenheit mich verließ, habe ich meine Unwissenheit bekannt, weil ich lieber gar nichts, als aufs Gerathewohl gemuthmaßtes, sagen zu müssen glaubte. Nicht allemal sind die Belege der Anmerkungen genannt, weil es nicht allemal in gehöriger Kürze geschehen konnte, und weil ich mehr auf den Sinn aufmerksam, als die Anmerkungen zum Magazin von Belesenheit machen zu müssen glaubte. Liebhaber philosophischer Geschichte werden ohnehin wissen, wo sie sich Raths erhohlen können, und wozu Nicht-Liebhabern entbehrliche Anführungen? Jenen habe ich die Sitze der wichtigsten Lehren aus den Haupt-Verfassern selbst angemerkt; wo diese nicht mehr vorhanden sind, würde Anhäufung von Stellen zwar sicher mehr Papier; aber nicht so sicher auch mehr den Geist gefüllt haben.

I.

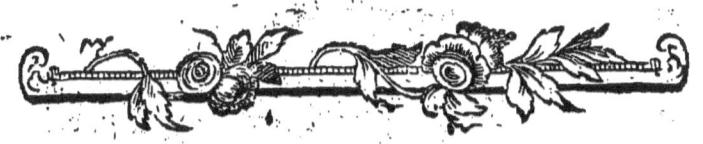

Erstes Hauptstück.

Entstehung der Welt; Schöpfung und Fall des Menschen, Mittel zur Rettung.

Als ich einmal über der Dinge Natur nach=
dachte, und mein Verstand, bey stark ge=
fesselten Sinnen, wie den nach einer völli=
gen Sättigung oder körperlichen Ermattung, vom
Schlafe überfallenen zu wiederfahren pflegt, sich em=
por schwang; *) kam es mir vor, daß Jemand von
einer erstaunlichen und unermeßlichen Größe mich
bey Nahmen rief, und mir sagte, **) was willst du
hören, sehen, und was begehrt dein Geist zu lernen
und zu wissen? — Wer bist denn du? antworte
ich. — Und er, ich bin Poemander, der selbstän=
dige Verstand ***), ich weiß, was du verlangst, und
bin überall bey dir. — Mein Wunsch ist, erwie=

Hermes Trismegist.   A   dere

---

*) Beschreibung der den Eklektikern gewönlichen Ekstase:
man muß alles vergessen, das äußere, sich selbst, und
sich ganz in sich kehren, sagt Plotin Ennead. VI. lib. IX.
c. 7. sqq.

**) Εδοξα τινα — καλειν το ονομα, και λεγοντα
μοι τι βουλει. Ohne Zusammenhang, und gegen die
Grammatik; ohne Zweifel stand ehemahls εδοξα — καλειν μου το ονομα, και λεγειν.

***) Οʿ της αυθεντιας νους Ficin. mens divinae po-
tentiae; fluſſas eius mens qui per se est. Der Ausdruck

dere ich, das Ding und ihr Wesen, und die Gottheit zu erkennen, dies wünsche ich von dir zu vernehmen. *) —

Darauf er, behalte in deinem Herzen, was du zu erfahren begehrst, und ich will dich lehren. So sprach er, veränderte seine Gestalt, und sogleich öfnete sich mir alles in einem Augenblicke. Ich sahe ein gränzenloses Schauspiel, alles zu einem angenehmen und sanften Lichte geworden, dessen Anblick mich entzückte. Gleich darauf verwandelte es sich zum Theil in eine sich senkende fürchterliche, grausenvolle **) und wellenförmig begränzte Finsterniß ***), so daß es mir vorkam, als sähe ich die Finsterniß sich in ein feuchtes Wesen verwandeln, welches unaussprechlich unruhig war, und einen Rauch, wie vom Feuer, aufsteigen ließ, dabey einen unbeschreiblich kläglichen Laut von sich gab.

ist nicht griechisch, vielmehr hebräisch; wo wie gewöhnlich das Substantiv für das Adjektiv steht, ὁ νοῦς αυθεντης. Die Folge giebt, daß hier die höchste Gottheit selbst verstanden wird; dem Plotin ist der Verstand das zweyte nach der obersten Gottheit. (Ennead. V. lib. I. c. 7.

*) Μαθειν θελω τα οντα — και νοησαι — και γνωναι τον θεον πως εφην ακουσαι βουλομαι. Ohne Sinn, so auch die Flussatische Uebersetzung, Ficin übergeht es ganz. Sezt man für πως, τουτ., so ist alles deutlich.

**) σκωτος κατωφερες ην, εν μερει γεγενημενον. Das Komma hat die Ausleger verwirrt; man lasse es weg, so ist der Sinn: nicht alles Licht, sondern nur ein Theil davon verwandelte sich in Finsterniß.

***) πεπειραμενον, der Ausgeber Vorschlag πεπερασμενον vorzüglicher. Die Meynung, die Finsterniß hatte

gab. *) Dann erhob sich daraus ein anartikulirter Schall, gleich der Stimme des Lichtes. Aus dem Lichte schwebte das heilige Wort über die Natur, **) und aus dem feuchten Wesen sprang ein reines Feuer hinauf in die Höhe. Es war leicht und stark, dabey wirksam. Die leichte Luft folgte dem Feuer, welches aus der Erde und dem Wasser bis an das Licht empor stieg, ***) so daß sie an das Feuer gehängt schien. Erde aber und Wasser blieben vor sich vermischt, so daß man jene nicht vor dem Wasser

keine überall gleiche, sondern Gränze in krummen Linien. σκολιος heißt auch tortuosus nicht allemahl obliquus wie die Ueberseter wollen. Dabey wüste ich nichts passendes zu denken.

*) Bis hieher alles Kabbalistisch. Nach diesem Systeme ist Gott Licht, das zieht sich vom Mittelpuncte zurück, und diese Finsterniß ist Materie. (Bruck. Hist. Crit. Phil. Tom. II. p. 990. sqq.) Das folgende weicht hievon ab; die Generation kurz diese, zuerst Licht, dann Finsterniß, dann aus dem Lichte das Wort; dadurch Sonderung des Feuers von der groben Materie, diesem folgt die Luft, Wasser und Erde bleiben zurück, Feuer und Luft genießen den Einfluß des Wortes, und letztere bewegt eben dadurch die grobe Materie; heißt deswegen auch πνευματικος λογος. So scheint mir alles am besten zusammenzuhangen. Die Kabbalisten lassen zuerst die Sephiren, hernach die materiellen Dinge entstehen, so auch die neuern Platoniker; hier entsteht nach der Materie das Wort.

**) εκ τε φωτος τι. Die Frage scheint hier nicht sehr schicklich; τι weggelassen giebt bessern Zusammenhang.

***) ὁ αηρ ηκολουθησε τω πνευματι αναβαινοντος αυτου μεχρι του πυρος. Von dem πνευμα hat er bisher noch nichts gesagt, ich wüßte hier nichts anders als das Feuer darunter zu verstehen. Alsdann muß für πυρος, φωτος stehn.

ser sehen konnte: doch wurden sie durch das geistige über sie schwebende Wort hörbar bewegt. *)

Hast du, sprach Poemander zu mir, das Schauspiel und seinen Sinn bemerkt? — Ich werde es schon erfahren, erwiederte ich — Jenes Licht, sprach er, bin ich, das denkende Wesen, dein Gott, der ich vor dem feuchtem, aus der Finsterniß erschienenem Wesen da bin. Das leuchtende Wort aus dem Verstande ist Gottes Sohn. —

Wie so? fragte ich — Betrachte es so: was in dir sieht und hat, ist des Herrn Wort, der Verstand aber ist Gott der Vater; denn sie sind nicht von einander getrennt, weil ihre Vereinigung das Leben ist. Habe Dank, erwiederte ich. **) —

Allein betrachte das Licht, und beachte es. Dies gesagt, sahe er mir einige Zeit ins Gesicht, so, daß ich über seine Gestalt erzitterte. Als er aber seinen Blick wegwandte, sahe ich in meinem Geiste das

---

*) Hier mischen sich mosaische und neu-Platonische Vorstellungen ein; aus dem Lichte kommt das Wort, nach Moses schwebte der Geist Gottes über der Tiefe; nach Plotin zeugt die höchste Gottheit den Verstand, am letzt angeführten Orte. Das höchste Licht, das Wort und der Geist hangen an einander; der Kabbalistische vom höchsten Gott bis an die Materie bringende Strahl. Unter dem Geiste, den er hernach λογον πνευματικον nennt, läßt sich schwerlich etwas anders als das durch das Wort aus der Materie hervorspringende Feuer verstehen.

**) Zusatz christlicher Ideen; den neuen Platonikern ist der höchste Gott des Verstandes Ursache, also der Verstand Sohn; hier der Verstand Vater, das Leben Sohn; dies Leben heißt λογος θεου wie auch im neuen Testamente. (Plotin. Enn. V, 1, 6.)

das Licht in zahllosen Kräften, *) eine gränzenlose Welt entstanden, das Feuer sie mit großer Kraft umschließen, und selbst durch eine höhere Gewalt zum Stillstande gebracht. Diese Gedanken sahe ich durch Poemanders Verstand **) —

Er, in meinem Staunen hierüber, sprach zu mir, du hast im Geiste jene ursprüngliche Form gesehen, die vor dem unförmlichen Princip hergeht ***) So Poemander. — Aber, antwortete ich, die Elemente der Natur, woher sind die entstanden? — Hierauf er: aus Gottes Rathschlusse, welcher das Wort zu Hülfe nahm, die schöne Welt sah, und sie durch seine eigene Elemente und reine Wirkungen

---

*) δυναμεσιν, sind die Sephiroth der Kabbalisten von einigen Griechen auch δυναμεις genannt, das ist diejenigen besondern Strahlen des göttlichen Lichtes, durch welche die Wesen verschiedener Art in den verschiedenen in einander enthaltenen Wesen hervorgebracht worden. (Bruck. Hist. Crit. Phil. Tom. II. p. 966. 1002. sq.) Ueberhaupt sieht man aus dem Zusammenhange, daß er hier die Intellectualwelt im göttlichen Verstande meint, denn eben dies Muster ahmt Gott hernach bey der Schöpfung der materiellen Welt nach.

**) Dies aus Griechischer alter Philosophie, nach welcher fast durchgehends Feuer das oberste Element ist. Dies umschließt die Welt, und wird durch den noch höhern Lichtkreis in seinen Gränzen gehalten.

***) το αρχετυπον ειδος το προαρχον της αρχης της απεραντου. ταυτα ὁ ποιμανδρης εμοι. Flussas übersetzt; vidisti in mente tua exemplarem speciem antiquiorem principio interminato. Hæc mihi Pimandras. Ego inquam: Naturæ elementa; den Worten nach unrichtig, vielleicht durch einen Druckfehler, nach inquam sollte kein Punct stehen. Ficin hingegen ganz sinnlos: vidisti in mente primam speciem infinito imperio prævalentem. Bisher ist die Rede nur noch von der Idealwelt, dem Muster der materiellen. Diese vom

gen nachbildete. *) Gott nemlich, der Verstand, der beyde Geschlechter in sich vereinigt, Leben und Licht ist, zeugte durch das Wort einen andern Welt schaffenden Verstand, der als Gott des Feuers und Geistes sieben andere Herrscher schuf, die die sichtbare Welt in sieben Kreisen einschließen. Ihre Regierung heißt das Schicksal. **) Sogleich sprang aus den sich senkenden Elementen ***) Gottes Wort hervor

Plato hauptsächlich eingeführte und von den Eklektikern gleichfalls angenommene Welt versteht er hier.

*) γεννηματα φιλα die Formen, oder Ideen aller materiellen Dinge, aber doch immateriell. Dies ist einer der verworrensten und streitigsten Punkte der eklektischen Philosophie (Bruck. Hist. Crit. Phil. Tom. II. p. 401. sq.)

**) Dies ist die Weltseele, die sieben Herrscher, die Planeten. Die Generation also die: Verstand zeugt das Wort; dies die Weltseele; diese die sichtbare Welt. Nach den neuen Platonikern wird die Weltseele vom Verstande gezeugt. Daß Gott αρρενοθηλυς ist, kommt in den Orphischen Gedichten oft vor, und war eine in der schwärmenden Philosophie herrschende Vorstellung, aus dem Morgenlande entlehnt. Noch jetzt lehren die Samanäer in Indien, Gott sey ein reiner, den Urstoff aller Dinge in sich fassender Geist; als er die Materie schaffen wolte, habe er sich durch seiner Allmacht Würkung eine materielle Form gegeben, und männliche und weibliche Geburtstheile von einander gesondert, die vorher in ihm selbst koncentrirt waren. Dieser Gottheit Symbol ist der Lingam, eine Bildsäule halb Mann, halb Weib, so daß des Gesichts eine Hälfte, ein Arm, ein Bein, dem Manne, die andre Hälfte dem Weibe gehört. (S. de Guigne Untersuchung über die Samanäische Philosophie, in Hißmanns Magazin der Philosophie Th. III. p. 87.)

***) ϛοιχειων του θεου, ο του θεου λογος. Das erste του θεου ist unnöthig, ich vermuthe der Abschreiber hat es wegen der unmittelbaren Folge doppelt gesetzt.

hervor in die rein geschaffene Natur, und vereinigte sich mit dem schaffenden Verstande, weil es mit ihm gleiches Wesens war, und die vernunftlosen und schweren Elemente blieben zurück, so daß die Materie allein blieb. *) Der schaffende Verstand aber, nebst dem Worte, der die Kreise umschließt, und sie mit Geräusch herum dreht, setzte seine Werke in Bewegung, und ließ sie von einem unbestimmlichen Anfange sich zu einem unbegränztem Ende herum drehen; denn sie fangen an, wo sie aufhören.

*) Dieser Demiürg wird also von Gott durch den Verstand hervorgebracht, und bildet zuerst die sieben Planeten, endlich auch unsere sublunarische Welt. Sichtbar ist er mit der neu-Platonischen Weltseele einerley, folglich unter andern Nahmen hier dieselben Sachen; bey jenem der höchste Gott, der Verstand (λογος), und die Seele; hier der Verstand, das Wort, und der Demiurg. Mit ihm vereinigt sich das aus der groben Materie hervorspringende Wort, also muste noch etwas von göttlicher Substanz in der Materie übrig seyn, und dieser letzte Strahl dient zur Verbindung des Ganzen. Also, soviel ich den Verf. verstehe, des Universums Ordnung die: erst ganz reines Licht; der Verstand; denn Zurückziehung des Lichtes; Gott und Materie; dann aus Gott das Wort, (welches hier wohl belebende und bewegende Kraft Gottes ist,) jeder in verschiedenen aber durch einen geraden Strahl vereinigten Kreisen; dann Weltschöpfer, der durch den Verstand erzeugt wird, und Gott des Feuers und der Luft ist (das heist wol die Weltseele entsteht daher, daß belebende Kraft dem Feuer und der Luft mitgetheilt wird, als welche dem Worte gleich nachgefolgt waren, und durch einen Strahl mit ihr zusammenhiengen; also auch der Kreis der Weltseele eben dadurch mit den obern Kreisen verbunden;) diese Weltseele bildet die sieben Planetenkreise, welche alle unter sich auch mit der groben Materie durch einen Strahl verknüpft sind. Endlich der Kreis unserer Welt, in allem zehn

Ihre Umdrehung zeugte nach dem Willen des Verstandes, auch aus den schweren Elementen unvernünftige Thiere, denn der Verstand hielt das Wort nicht zurück. Die Luft brachte fliegende, das Wasser schwimmende Thiere hervor. Erde und Wasser sonderte sich nach des Verstandes Willen von einander, und die Erde brachte vierfüßige, kriechende, wilde und zahme Thiere hervor.

Und der All=Vater, der Verstand, der Leben ist und Licht, zeugte den Menschen ihm gleich, und liebte ihn als seinen eigenen Sohn; denn schön war er, da er seines Vaters Bild trug. Aufrichtig liebte auch Gott seine eigene Gestalt, und übergab ihm alle seine Werke.

Als er aber in seinem Vater des Schöpfers Werk erkannt hatte, wollte er selbst auch schaffen. Und im Kreise des Schöpfers befindlich, mit aller Kraft ausgerüstet, erhielt er vom Vater die Erlaubniß, seiner Brüder Werke zu schauen. *) Diese liebten

---

Kreise, drey für die Personen der Gottheit, sieben für die Planeten, denn unsere Erde ist im letzten Planeten=Kreise. Das sind die zehn Sephiren. Jamblich kannte andere Hermetische Werke, worin eben diese Grundsätze, nur unter Anführung ägyptischer Benennungen vorkamen. (de myst. Aegypt. p. 154. nach Ficins Uebers. Lugdun. 1577.) Und das musten sie auch wohl, wenn die Betrügerey anders wahrscheinlich seyn sollte.

**) καὶ συνεχωρηθη — ἐξ ὧν την πασαν ἐξουσιαν κατενοησε των αδελφων τα δημιουργηματα. Fluſſas verbessert richtig ἐχων, κατανοησαι των αδελφων. Nur hat er seiner Verbesserung ganzen Sinn nicht eingesehen, denn er übersetzt gegen Sprachgebrauch: et relictus est a patre, natus in opificiali globo, habens etc. Die Brüder sind hier die andere Geister und Dämonen; denn dieser Mensch war noch nicht materiell; wie die Folge lehrt.

liebten ihn, jeder theilte ihm sein Geschäft mit. Der Kenntniß ihres Wesens, und ihrer Natur theilhaftig geworden, *) wollte er die Kreise durchbrechen, und die Macht des, der das Feuer zurück hält, überwältigen. **) Und der über die vergängliche Welt und die unvernünftigen Thiere ***) Allgewalt hat, offenbarte sich durch die Harmonie, die Stärke derselben aufhebend, und zeigte der niedern Natur die

schöne

*) ἑαυτῶν φυσεως ohne Sinn, richtiger αυτων.

**) κατανοησαι. Flussas verbessert καταπονησαι mit Recht. Der Fall des Menschen wird hier sehr mosaisch erzählt, bey den neuen Platonikern finde ich dies nicht. Daß der Mensch der Natur der übrigen Planeten theilhaftig wurde, drucken neuere Platoniker so aus: ein Theil der Seele, die Vernunft ist ein Ausfluß Gottes; die übrigen, Begierde und Zorn sind aus den Partikeln der übrigen Planetensubstanzen zusammengesetzt. Dies sagt Jamblich, habe er in Merkurs Büchern gefunden. (de myst. Aegypt. p. 159. nach Ficins Ueberf.) Dies letztere nun war eben nicht nothwendig; denn Empedokles, und fast alle alte Philosophen, auch Plato lehrten, daß die Empfindungen nur durch Aehnlichkeit der Bestandtheile entstehen können, folglich Seelen die alles empfinden und denken sollen, Bestandtheile jedes in der Welt vorhandenen Grundwesens enthalten müssen. (Aristot. de An. 1. 2.) Daher setzt auch Plato die Weltseele aus allen Grundstoffen zusammen, und läst aus ihr die unserigen entstehn (Tamalus p. 1049. Ficin.) Dieser Verf. weicht von Griechenlands Philosophen darin ab, daß er die Seele vom höchsten Gott selbst schaffen läst, und folgt hier, so wie an mehreren Stellen, der biblischen Schöpfungs-Geschichte.

***) τουτων θνητων κοσμου ζωων, και των αλογων. Eine widernatürliche Versetzung: wahrscheinlich stand ehemahls, του των θνητων κοσμου, και των αλογον ζωων.

schöne Gottes = Gestalt. *) Ueber seinen Anblick, worin überschwengliche Schönheit und die Kraft aller Weltregierer wallte, diese Gottes = Gestalt lächelte sie in Liebe, denn sie erblickte den Abriß der schönsten Menschen = Gestalt im Wasser, und ihren Schatten auf der Erde. Er aber (der Mensch) die ihm ähnliche Gestalt im Wasser sehend, liebte sie, und wünschte, bey ihr zu wohnen, **) den Wunsch begleitete Erfüllung, und er wohnte in der vernunftlosen Gestalt. Die Natur aber umarmte ihren Geliebten inniglich, und sie vermischten sich, denn sie liebten einander. Der Mensch ist daher unter allen Thieren der Erde allein doppelt, sterblich wegen des Körpers, unsterblich durch den wesentlichen Menschen. Er, der unsterblich, und aller Herr ist, ist dennoch den Zufällen sterblicher, dem Schicksale untergeordneter Wesen, unterworfen. War er also gleich über die Harmonie: so wird er doch ein Sclav der Harmonie, ***) ob er gleich, weil sein Wa=
ter

*) αναρρηξας το κρατος sc. της αρμονιας, um sich zu offenbaren muste er die Sphären durchbrechen.

**) την ομοιαν αυτω μορφην εν ἑαυτω ουσαν εν τω υδατι Kontradiktorisch; Ficin übersetzt: ille præterea consecutus similem sibi formam in se ipso existentem, velut in aqua. Besser man liest την ομοιαν ἑαυτω ουσαν μορφην.

***) So erklärt auch Jamblich, und mit ihm andere seiner Schule, des Menschen Unterwerfung unter das Schicksal. Der Mensch hat nach Hermes Schriften, zwo Seelen, die eine vom höchsten intellektuellen Wesen und ihres Schöpfers Kraft theilhaftig, die andere aus den himmlischen Kreisen. Die Seele also, weil sie aus den Welten in uns herabsteigt, richtet sich auch nach den Veränderungen der Welt. Die andern hingegen, welche vom intellektuellen Wesen kommt, ist diesem nicht un=

ter beyde Geschlechter in sich vereinigte, Herma=
phrodit, und ohne Schlaf ist: so wird er doch von
dem, der nicht schläft, beherrscht. — Und darauf,
o mein Verstand, auch ich liebe das Wort *) —
Poemander hingegen, dies ist das bis auf diesen
Tag verborgene Geheimniß. Die mit dem Men=
schen vermischte Natur zeugte ein Wunder aller
Wunder. Denn da er, wie ich dir gesagt, das
Wesen von der Harmonie der sieben in sich hält,
vom Vater und Geiste ihm gegeben: so trug das
die Natur nicht, sondern zeugte sogleich, nach dem
Urbilde der sieben erhabenen, und mit beyden Ge=
schlechtern ausgerüsteten Weltherrscher, sieben Men=
schen. — Und darauf ich, o Poemander, eine
heftige Begierde nimmt mich ein, ich sehne mich zu
hören, verlaß diese Materie nicht — Poemander
hinwiederum, sey nur still, noch habe ich meine er=
ste Rede nicht vollendet — Siehe, ich schweige —
Die Entstehung der sieben, eben gedachten, war
folgende: Die Erde war weiblichen Geschlechts,**)
und das Wasser verliebt; vom Feuer bekam es
Reife, und von der Luft ***) den Geist. ****) Die
Natur

terworfen, durch sie sind wir von des Schicksals Ein=
flüssen frey (l. c.)

*) Eine verdorbene Stelle, wo wahrscheinlich mehrere
Worte ausgefallen sind. Diese Ursache der Vermischung
des ersten Menschen mit der Materie wußte ich sonst bey
keinem Philosophen gefunden zu haben.

**) Ἡ Λυκη γαρ Fluſſas verbeſſert richtig γη.

***) εκ δε αιθερος. Fluſſas verbeſſert αερος, dem
Sinne nach richtig, aber nicht durchaus nothwendig;
auch αιθης steht oft für αηρ.

****) το δε εκ πυρος. Dunkel, vielleicht weil ein Wort
ausgefallen ist, es läßt sich nichts als das aus der Erde

Natur brachte Körper nach der Form des Menschen
hervor, und der Mensch wurde aus Leben und Licht,
Seele und Verstand. Aus dem Leben bekam er
Seele, aus dem Lichte Verstand. So blieb alles
in der sichtbaren Welt bis ans Ende einer Periode.*)

Höre nun noch weiter, was du zu hören be=
gehrst. Am Ende der Periode löste sich das Band
aller Wesen nach Gottes Rathschlusse auf; denn
alle vorher Zwitter gewesene Thiere wurden zugleich
mit dem Menschen geschieden, einige wurden männ=
lich, andere weiblich. Sogleich sprach Gott durch
das

und dem Wasser schon gebildete darunter verstehen. Feuer
giebt die Reife, weil Wärme die Materie härtet, und
nach heraklitischen und stoischen Systeme den Dingen
dauerhafte Form giebt. Geist πνευμα ist die Ursache
der Bewegung in den Thieren, von welcher Aristoteles
sagt, daß sie im Herzen wohnt. (Aristot. de Animal.
Mot. 10.) Die Geschlechter der Elemente wüste ich bey
keinem griechischen Philosophen gefunden zu haben.
Jamblich will sie in Hermetischen Schriften gesehen ha=
ben: auch giebt es, spricht er, bey ihnen eine andere
Macht über die Elemente, und ihre Kräfte, deren vier
männlichen vier weiblichen Geschlechtes sind. Diese
Herrschaft geben sie der Sonne (de Myst. Aegypt. p. 155.)
In den alten Fabeln der Griechen, so wie anderer noch
rohen Nationen sind noch Spuren davon vorhanden;
wahrscheinlich lehrte man es auch in Aegypten. Eine
Folge jener Zeiten, wo aus Mangel abstrakter Begriffe
alle Wesen personifizirt werden, und von dem Geschlecht
der Wörter in der Sprache, ihre verschiedenen Ge=
schlechter entlehnen.

*) Der Stoff scheint vom Plato entlehnt. Es gab, sagt er,
ehmals doppelte Menschen, die das männliche und weibliche
Geschlecht in sich vereinigten, diese wolten den Himmel
stürmen, zur Strafe, und sie zu schwächen machte Ju=
piter aus ihrer jedem zwey. (Plat. Conviv. p. 1185.)
Aus dieser Fiktion wird hier, durch Zusatz neuer Fiktio=
nen, Ernst gemacht.

das heilige Wort wachſet und mehret euch alle ihr Geſchöpfe und Werke. *) Der Vernünftige erkenne, daß er unſterblich, daß die Liebe Urſache des Todes iſt, er erkenne alle Dinge. So ſprach er, und die Vorſehung veranſtaltete durch das Schickſal, und die Harmonie die Vermiſchungen, und beſtimmte die Erzeugungen. Alles pflanzte ſein Geſchlecht fort, und wer ſich ſelbſt erkannt hatte, gelangte zum vorzüglichen Gut; wer aber aus verkehrter Liebe den Körper liebte, bleibt im Irrthum herumſchweifend, und empfindet des Todes Pein. **) —

Was begehen ſie denn, erwiederte ich, für ein ſo großes Verbrechen, die ſich ſelbſt nicht kennenden, daß ſie der Unſterblichkeit beraubt werden? — Du ſcheinſt, guter Freund, das gehörte nicht erwogen zu haben. Sagte ich dir nicht von Aufmerken?

*) Moſes; ſeyd fruchtbar und mehret euch.
**) Ein den neuern Platonikern und Gnoſtikern gemeinſchaftlicher, ſchon aber aus Platos, wo nicht gar Pythagoras Schule, abgeleiteter Satz. Die ſimple Bemerkung liegt zum Grunde, daß wer ſich den körperlichen Ergötzlichkeiten ergiebt, weder guter Menſch, noch guter Bürger ſeyn kann. Man ſetze für guter Menſch, er kann die Wahrheit nicht vollkommen erkennen, man nehme an, daß Wahrheit nur in Gott oder Gott ſelbſt iſt: ſo ſieht man der Schwärmerey Urſprung. Sie hat aber auſſer den philoſophiſchen, nur verfeinerten Spekulationen, auch die dem rohen Menſchen eigene Vorausſetzung zum Grunde, daß Entſagung des Vergnügens Dienſt Gottes iſt: im Orient, ſo gar bey den Nordamerikaniſchen Wilden findet ſie ſich, und ſtammt vielleicht daher, daß nur äuſſerſte Anſtrengung und Betäubung der Sinne die Phantaſie zu Erſcheinungen ſpannen kann, daß Prieſter und Wahrſager ſich dieſe auf der ganzen Erdfläche zueignen, und Gottesdienſt daraus machen.

ken? — Ich merke auf, und besinne mich, zugleich danke ich dir — Hast du aufgemerkt, so sage mir, warum sind die im Tode befindlichen des Todes werth? — Weil die grausenvolle Finsterniß ihren Körper vorher erfüllt. *) Daher entsteht das feuchte Wesen, aus ihm besteht der Körper in der sichtbaren Welt, von diesem nährt sich der Tod **) — Du begreifst es recht, Freund — wie verstehst du aber, daß man sich in sich selbst zurück ziehen muß, wel=

---

*) προκατερχεται. Flussas verbessert προκατεχεται mit Recht; das erste giebt keinen Sinn. οικειον σωμα giebt er durch amicum corpus; Ficin proprium passender. Ficin hat hier des Dialogs Ordnung anders; hier seine Worte: quid tantum delinquunt ignorantes etc. P. videris o mercuri etc. Tr. etsi nondum etc. P. gratulor si quæ dicta sunt tenes. Tr. responde mihi quæso Poemander etc. Gegen den Sinn, und die Folge, wie sich gleich zeigen wird. Das wieder Kabbalistisch: durch Zurückziehung des Lichtes entsteht Finsterniß, und diese ist aller Materie Grundlage; die Strahlen des göttlichen Lichtes formen sie zu besondern Wesen. (Bruck. Hist. Crit. Phil. Tom. II. p. 997. seq.)

**) αρδευεται. Flussas trahitur; Ficin scaturit, gegen den Sprach-Gebrauch! mors irrigatur, eine orientalische Figur ist so viel, als mors alitur. Mystisch genug gesagt, vielleicht weil der Verf. selbst nicht recht wußte, was er dachte, der gewöhnliche Fall der Enthusiasten. Die Menschen sind im Tode, weil ihre Seele in der Materie wohnt, deren Vergänglichkeit Tod ist. Sind des Todes werth, weil sie sich durch körperliche Vergnügen immer fester an die Materie binden, und durch Selbst-Kenntniß, das ist Gottes Erkenntniß, sich nicht von ihm los machen. Denn wer sich selbst kennt, kennt seine Vernunft, wer seine Vernunft kennt, kennt Gott, dessen Ausfluß und Theil sie ist. So Plato im ersten Alcibiades.

welches das Wort Gottes hat? — *) Weil, antworte ich, der All=Vater aus Leben und Licht besteht, und von ihm der Mensch gezeugt ist — Gut gesagt, erwiederte ich, Licht und Leben ist Gott, und der Vater, von dem der Mensch gezeugt ist. Erkennst du also, daß du aus Licht und Leben entspringst, und daß du aus ihnen bestehst: so wirst du wieder zum Leben gehen.

— So Poemander; ich aber, sage mir doch noch, o Verstand, wie soll ich zum Leben kommen? — Mein Gott spricht, der verständige Mensch erkenne sich selbst — **) So haben denn nicht alle Menschen Verstand? — ***) Richtig, mein Freund, ich, der Verstand, komme zu den heiligen, ****) rechtschaffenen, reinen und barmherzigen, die da gottesfürchtig wandeln. Meine Gegenwart ist ihre Stütze, sogleich erkennen sie alles, und versöhnen den Vater in Liebe, danken ihm lobpreisend, und zu gesetzten Zeiten liebevoll lobsingend. Ehe
sie

*) Hier scheint etwas ausgefallen, vermöge des Zusammenhanges mußte es heißen: woher kommt es, daß die Selbst=Erkenntniß die Zurückziehung in sich selbst vom Tode errettet? Daher daß man sich dadurch der Gottheit nähert.

**) εμος φησι γαρ ο θεος &c. Ohne Sinn. Es sind Poemanders Worte, man lasse γαρ weg, und lese φησιν: so ist alles klar. Aber wie kann Poemander sagen: mein Gott? Der Verf. bleibt sich selbst nicht getreu, schon oben spricht Poemander von Gott als einem von ihm verschiedenen Wesen.

***) ου παντες φημι ουν, Flußas wirft φημι gegen allen Zusammenhang weg. Es ist eine Frage des Hermes, denn das gleich folgende ist sichtbar Hermes Beyfall.

****) οσιοις, Flußas setzt ιδιοις — warum? sehe ich nicht. Ersteres giebt einen guten Sinn.

sie den Körper seinem Tode übergeben, haſſen ſie
die Sinne, weil ſie ihre Macht kennen. Auch ich,
der Verſtand, will nicht zugeben, daß die ihnen
vorkommenden Eindrücke des Körpers ihre Gewalt
ausüben, als Thürhüter will ich böſen und ſchändli=
chen Eindrücken, durch Vertilgung der Gedanken
den Eingang verſchließen. *) Aber von den un=
verſtändigen, böſen, gottloſen, neidiſchen, geitzigen
Mördern und ruchloſen bin ich fern, und übergebe
ſie dem ſtrafenden Dämon, der mit durchbringen=
dem Feuer ſo empfindlich verwundet, **) und ſie
noch mehr zu Vergehungen wafnet, um ſie größe=
rer Strafe fähig zu machen. Unabläßig ſpannt er
ihr Begehrungs=Vermögen zu unerſättlichen Be=
gierden, ***) im Finſtern fechtend verdirbt er ſie, quält
ſie noch mehr, und ſchürt das Feuer gegen ſie ſtär=
ker. — ****)

Du

*) Jamblich erläutert dies ſo: wenn des göttlichen Feuers
Macht, und des Lichtes Schein, uns von auſſen be=
herrſcht, ganz erfüllt, und in ſich ſchließt, ſo daß wir
keine eigenthümliche Verrichtungen vornehmen können;
welche Empfindung, welcher Gedanke, und welche eigene
Gewahrnehmung kann denn wohl noch in der das gött=
liche Feuer aufnehmenden Seele Platz haben? (de myſt.
Aegypt. p. 58.)

**) $\vartheta\rho\omega\sigma\kappa\epsilon\iota\ \alpha\upsilon\tau o\nu$. Fluſſas dem Sinne gemäß $\alpha\upsilon\tau o\upsilon\varsigma$,
wie auch im folgenden noch ein paarmahl; nur müſte
er auch noch $\tau\rho\omega\sigma\kappa\epsilon\iota$ geſchrieben haben: der Druckfehler
ſcheint aus der turnebiſchen Ausgabe herübergeſchlichen.

***) $\epsilon\chi\omega\nu$, Fluſſas $\alpha\nu\epsilon\chi\omega\nu$ mit Recht.

****) Auf eine ähnliche Art Jamblich: die Dämonen beſchwe=
ren durch ihre Gegenwart den Körper, machen ihn
krank, ſtrafen ihn auch ſonſt. — (de myſt Aegypt. p. 40.)
Gute Dämonen zeigen ihre Werke, und das Gute was
ſie ertheilen, ſtrafende Dämonen hingegen laſſen aller=
hand Arten von Strafen ſehen: Andere böſe Dämonen

17

Du haſt mich, o Verſtand, alles nach Wunſch
gelehrt; aber unterrichte mich noch von dem Hin=
aufſteigen. — *). Poemander erwiederte, zuerſt
überlieferſt du **) bey der Auflöſung des materi=
ellen Körpers dieſen Körper der Verwandelung, und
deine vorige Geſtalt verſchwindet. In deinem Be=
tragen folgſt du dem Dämon, ***) und die Sinne

Hermes Trismegiſt.   B   lehren

zeigen ſich mit grimmigen wilden Thieren umgeben.
(p. 41.) Woher dieſe Theorie ſich ſchreibt, ſieht man
leicht; aus der Raſerey mancher oft ſchuldiger Men=
ſchen. Wer den raſenden Herkules, Oedipus, oder Oreſt
kennt, weiß, daß die Dichter ihre Raſereyen wahren Er=
ſcheinungen zuſchrieben. Dies noch aus jenen rohen
Zeiten, wo jede Art von Verrückung für Inſpiration
gilt, wie noch jetzt bey den Wilden in Amerika, bey
den Türken, die alle Verrückte für Heilige erkennen,
überhaupt bey allen, die der Verrückung materielle Ur=
ſachen nicht kennen.

*). ανοδος das Hinaufſteigen gebrauchen die neuen Plato=
niker in doppeltem Sinne. Einmahl für den Zuſtand der
Ekſtaſe, das Anſchauen, γνωσις; und dann für die Verei=
nigung der Seele mit Gott nach dem Tode. Hier die letztere
Bedeutung. Nach ihnen kann ſie nicht anders, als nach
Ablegung aller Unreinigkeit, das iſt, aller materiellen Thei=
le geſchehen. Folglich müſſen alle die Theile, welche nicht
aus Gott ſind, zurück gelaſſen werden, und da dieſe aus
dem Planetenſyſteme entlehnt ſind, ſo läßt die Seele in
jedem Kreiſe das davon genommene. (Plotin. Ennead. VI,
IX, 10. Jamblich. p. 175. So auch die Kabbaliſten.)

**) παραδιδωσιν tradit, gegen den Sprachgebrauch;
weil die andere Perſon gleich folgt: ſo glaube ich, muß
ſie es ſowohl hier, als in einigen folgenden Stellen ſeyn.
Alſo παραδιδως.

***) συνεργητον. zuſammenhängender ενεργητον. Er
nimmt alſo hier einen die Seele begleitenden Dämon an;
eben der nemlich, den bey ſeiner Geburt jeder empfängt,
und der ihn das ganze Leben hindurch lenkt. (Jamblich.
de Myſt. Aegypt. p. 169.)

kehren zu ihren Quellen zurück, werden Theile, und gehen in ihre ursprünglichen Kräfte zurück; *)
Zorn und Begierde fügen sich zu dem vernunftlosen Wesen. So gehst du dann durch die Harmonie hinauf, **) und überlieferst ***) dem ersten Kreise das Vermögen zu wachsen und abzunehmen; dem

*) συνιϛαμεναι. Fluſſas verbeſſert συναvιϛαμεναι denuo in ſua munera congreſſae; gegen die Grammatik und den Sinn. Es iſt von dem Verluſt der körperlichen Sinne die Rede: der Zuſammenhang will, daß ſie ſich in ihr Princip zurückziehen. Kabbaliſtiſch: die aus verſchiedenen Kräften zuſammengeſetzte Seele löſet ſich nach dem Tode in ihre Principien auf, und jedes bekommt den Platz, wo ſich die ähnlichen Principien in der Welt aufhalten. Bruck. Hiſt. Crit. Phil. Tom. II. p. 1046.

**) ορμα, dafür ορμας.

***) παραδιδωσι wieder παραδιδως. Die Kabbaliſten geben dem Univerſum zehn verſchiedene Kreiſe oder Sphären; und dieſe werden in vier verſchiedene Welten getheilt. Die andere von oben iſt die Welt reiner Geiſter, und die wird hier wahrſcheinlich von dem achten Kreiſe verſtanden. Aus jedem der Kreiſe hat die Seele eine Eigenſchaft an ſich, die ſie ihm nach der Trennung vom Körper wieder giebt. (Conf. Bruck. II, 5.) Wie viele, und welche Kreiſe zu jeder Welt gehören, ſagt uns Brüker nicht, und das dürfte auch ſo leicht nicht auszumachen ſeyn. Die Kabbaliſten erklären nie ihr ganzes Syſtem im Zuſammenhange, und vergleichen deſſen Theile nie. Bald ſprechen ſie von den Welten als Gliedern des Adam Kadmon, bald als Theilen der Sephirots, ohne doch je beyde Betrachtungsarten unter ſich zu vergleichen. Zu ihrer Dunkelheit trägt auch die von Hebraismen nicht genug gereinigte Ueberſetzung Knorrens von Roſenroth ſehr viel bey. Unſer Verf. hat oben zehn Kreiſe angenommen, im achten den Weltſchöpfer, im neunten das Wort (λογος), und im zehnten die höchſte Gottheit; folglich iſt im achten ſchon alles grobe abgelegt.

dem andern die Quelle aller Uebel, den Betrug
ohne Kraft; dem dritten den Betrug der Begierden
ohne Kraft; dem vierten den herschsüchtigen Prahl=
Geist ohne Bestreben; dem fünften die unerlaubte
Kühnheit und die unternehmende Verwegenheit; dem
sechsten die bösen Begierden nach Reichthum ohne
Kraft; dem siebenden die hinterlistigen Lügen. Be=
freyt alsdann vom Einflusse der Harmonieen kommst
du zu der achten Sphäre mit deiner eigenthümlichen
Kraft, und preisest den Vater mit den dort woh=
nenden. Es freuen sich die Anwesenden über die
Ankunft, den Gesellschaftern ähnlich gemacht ver=
nimmt er die Mächte über der achten Sphäre, wel=
che mit einer ihnen eigenthümlichen Stimme Gott
loben. In Reihen gehen sie alsdann zum Vater
hinauf, sie selbst übergeben sich zu Mächten, und
Mächte geworden, bleiben sie in Gott. Dies ist
das herrliche Ende derer, die da zur Erkenntniß ge=
kommen sind, daß sie Gott werden. *) Warum
zauberst du noch, als ob du nicht alles empfangen
hättest, der würdigen Leiter zu werden, damit das
Menschengeschlecht durch dich von Gott erhalten
werde.? **) —

*) Von Vergötterung reden doch die Kabbalisten nicht;
dies also ist Zusatz aus Griechischer Philosophie, als wel=
che größtentheils die Seelen für gleiches Wesens mit
Gott hält, folglich eine Rückkehr in der Gottheit un=
ermeßliches Meer, das ist, Vergötterung, annimmt.
Aus dem Kreise der Weltseele nemlich geht die Seele
in den neunten zum λογος, von da zur Gottheit selbst.
Mächte (δυναμεις) sind hier die im neunten Kreise
befindlichen Geister. Ein biblischer Ausdruck, den
Neu=Platoikern meines Wissens nicht gebräuchlich.

**) σωθη. Dies Wort sowohl, als der Sinn selbst lei=
ten auf christliche Ideen. Hermes wird also hier als
Weltheiland aufgeführt.

So sprach zu mir Poemander, und verlohr sich unter den Mächten. — Ich aber, dem All=Vater dankend, ihn preisend, stund von ihm gestärkt auf, ausgerüstet mit Kenntniß der Natur des Alls, und dem Anschauen des erhabensten Schauspiels. *) Ich bin gekommen, den Menschen der Gottesfurcht und des Anschauens Schönheit zu verkünden. Ihr Völker, Söhne der Erde, die ihr euch der Trunkenheit und dem Schlafe ergeben habt, wredet nüchtern; höret auf, in Trunkenheit dahin zu taumeln, und euch am vernunftlosen Schlafe zu weiden.

Sie hörten es, und kamen einmüthig heran. Ich aber sprach zu ihnen, warum überliefert ihr euch, ihr Erdensöhne, dem Tode, da ihr der Unsterblichkeit theilhaftig werden könnet? Thut Buße, ihr, die ihr Irrwege gefolgt seyd, **) und an Unwissenheit Theil habt. Entfernet euch von dem dunklen Lichte, verlaßt das Verderben, und nehmt hin die Unsterblichkeit. Einige entfernten sich mit eitelm Geschwätze, und wandelten den Weg des Todes; andere warfen sich zu meinen Füssen, um Unterricht bittend.

Ich hieß sie aufstehen, wurde ihr Wegweiser, und lehrte sie, wie und auf welche Art sie seelig werden könnten. Ich säete unter sie Reden der

Weis=

---

*) γνωσεως; dies mehrmals vorkommende Wort bezeichnet das durch Ekstase bewerkstelligte Anschauen Gottes, und der Intellektual=Welt. Nimmt man das zu, daß christliche Ideen hier vorkommen: so wird man nicht zweifeln, daß der Verf. ein Gnostiker war.

**) μετανοησατε, ein neutestamentlicher Ausdruck, vermöge der Verbindung hier wohl in keinem, als biblischen Sinne zu nehmen.

Weisheit, und sie nährten sich vom ambrosischen Wasser. *) Als es Abend geworden, und der Sonnen Glanz verschwunden war, hieß ich sie Gott danken; und nach vollendetem Dank=Gebete gieng jeder an seinen eigenen Ruheplatz. Ich aber schrieb Poemanders Wohlthat in mein Herz, und voll reiner Wünsche freute ich mich. Des Körpers Schlaf wurde Nüchternheit der Seele; das Verschließen der Augen wahrhaftes Sehen, mein Stillschweigen schwanger vom Guten, und meine Reden Kinder des Guten. Dies wiederfuhr mir, weil ich es von meinem Verstande, das ist Poemander, dem selbstständigen Worte, empfangen hatte. Von ihm mit der Wahrheit angehäuft, **) bin ich gekommen, und darum gebe ich von ganzer Seele und aus allen Kräften Gott dem Vater die Ehre.

Heilig ist Gott, der All=Vater; heilig der Gott, dessen Wille durch seine eigene Mächte geschieht, der da erkannt seyn will, und von den Seinen erkannt wird. Heilig bist du, der du durch das Wort alles geschaffen hast; heilig du, dessen Bild die ganze Natur ist; heilig du, den die Natur nicht abbilden kann; heilig du, über alle Mächte mächtiger; heilig du Großer über alle Größe; heilig du über alles Lob Erhabener. Nimm an vernünftige Opfer, von Seel und Herz rein hinauf zu dir geschickt, o Unaussprechlicher, Unnennbarer, in der Stille angerufener, schenke mir, der ich um

---

*) ετραφησαν εκ του αμβροσιου υδατος, Wasser der Unsterblichkeit, führt gerade auf die Taufe. Sie hatten seine Lehre angenommen, sich bußfertig bewiesen, ihn zum Wegweiser gewählt; was bliebe also übrig, als die Taufe?

**) θεοπνους, wer denkt hiebey nicht an die Inspiration?

um Befreyung von Fehltritten flehe, Einsicht, die unserer Natur angemessen ist, stärke mich, und erleuchte mit deiner Gnade meine unwissenden Brüder, deine Kinder. Durch dich glaube ich, zeuge von dir, und gehe zum Leben und Lichte. Sey gepriesen, o Vater, dein Mensch sehnt sich gleich dir heilig zu werden, wie du denn ihm alle Macht gegeben hast.

Anderes Hauptstück.

Hermes Trismegists allgemeine Unterredung mit Aeskulap. *)

Gott ist das Gute.

Es ist entweder Gott, oder göttlich, ich rede nemlich jetzt nicht vom entstandenen, sondern dem anfangslosen. **) Ist es göttlich: so ist es auch mate=

---

*) προς τατ' Flussas richtig ασκληπιον, wie die Folge lehrt.

**) το θειον, der Artikel überflüssig. Der abgebrochene Anfang giebt zu erkennen, daß etwas fehlt; dies ist aus Johann von Stobi offenbar. Dieser führt noch folgendes vorher an: Wird nicht, Aeskulap, alles bewegt, in einem andern und durch etwas anders bewegt? — Freylich. — Muß nicht das, worinn es sich bewegt, größer, als das Bewegte, seyn? — Nothwendig — Ist nicht auch das Bewegende stärker, als das Bewegte? — Allerdings — Müssen nicht das, worinn es sich bewegt, und das Bewegte, entgegengesetzter Natur seyn? — Freylich — Ist nicht diese Welt groß, so, daß sie kein Körper an Größe übertrift? — Offenbar — Auch solide, denn sie ist mit andern Kör-

materiell; *) wenn aber Gott, so ist es immateriell.

Auf eine andere Art stelle dir dies so vor: **) Der oberste Gott ist uns, nicht aber sich selbst denkbar, weil das Denkbare dem Denkenden durch Empfindung bekannt wird. ***) Gott also kann sich selbst sich nicht vorstellen, denn er ist von dem Vorge-

stellten

ern angefüllt, die groß und zahlreich sind, oder richtiger mit allem, was Körper ist? — Ja — Ist nicht die Welt ein Körper? — Körper — Und bewegt? — Ja — wie groß also, und von welcher Natur muß der Ort seyn? Nicht weit größer, als die Welt, um die ununterbrochene Bewegung fassen zu können, und damit das Bewegte nicht vom engen Platze aufgehalten werde? — Es muß sehr groß seyn, Trismegist. — Und von welcher Natur? Nicht dem Körper entgegengesetzt, mein Aeskulap? Nun ist zugestanden, daß das Unkörperliche dem Körperlichen entgegengesetzt ist, folglich ist der Ort unkörperlich. Das Unkörperliche aber ist entweder göttlich, oder Gott. (Stob. Eclog. Phys. I. p. 39.) — Auch dies scheint noch nicht der rechte Anfang, es ist noch zu abgebrochen, und das etliche mal vorkommende ωμολογηται geht auf vorhergehende Beweise. Der zu beweisende Satz scheint: der Raum ist Gott. Nach den Ideen der Griechen sind die Sterne zwar Götter, aber nicht der höchste Gott, also das Göttliche materiell; aber Gott selbst nicht. So Plato und Aristoteles; der Schluß also dieser: der Raum ist nicht materiell, folglich nichts göttliches, sondern der höchste Gott selbst.

*) σωιωδες, σωια gebraucht Aristoteles für theilbare und materielle Substanz. (Met. IV, 8.)

**) αλλως δε νοητος αυτως giebt keinen Zusammenhang. Er trägt hier einen andern Beweis vor, was also natürlicher, als zu lesen νοητον?

***) Zielt auf den Aristotelischen Satz: nihil est in intellectu quod prius non fuerit in sensu.

stellten nicht verschieden, daß er so sich selbst sich vor=
stellen könnte.*) Von uns aber ist er verschieden,
und darum können wir uns ihn auch vorstellen. Ist
der Ort denkbar: so ist es auch Gott, nun aber ist
es der Ort. **) Denkt man ihn als Gott: so wird
er nicht als Ort, sondern als eine umschließende
Kraft gedacht. ***) Alles Bewegte nemlich bewegt
sich nicht im Bewegten, sondern im Ruhenden, die
Ursache der Bewegung ruht, weil sie sich unmöglich
mit ihm zugleich bewegen kann. ****)

— Aber, Trismegist, wie können sich die auf
Erden befindlichen Dinge zugleich mit den beweg=
ten bewegen, du sagtest ja *****) daß die Plane=
ten=

---

*) Gott kann sich selbst sich nicht vorstellen, weil er sonst
von sich selbst verschieden seyn müßte, denn das Vorstel=
lende und Vorgestellte müssen zwey Wesen seyn. Ein
neu = Platonischer Satz! Plotin bedienet sich dieses Be=
weises auch. (Ennead. II, IX, 1.)

**) Daß Gott denkbar ist, schließt er daraus, daß es der
Ort oder der Raum ist. Gott nemlich umschließt nach
Aristotelischem Systeme das All, hat folglich mit dem
Orte Aehnlichkeit, denn dieser ist hier die äußerste Gränze
des Wesens, worinn ein gegebenes eingeschlossen ist.
Wie die Stelle da steht, hat sie keinen Sinn; ist mei=
ne Voraussetzung richtig: so lese man: ει δε νοητος
ὁ τοπος· και ὁ θεος.

***) Soll Gott vom Orte unterscheiden. Gott ist nicht der
Ort, obgleich ihm ähnlich; denn Gott ist Kraft, Ort
nicht. Auch hier der Text fehlerhaft, man lese ει δε
ὡς θεος (sc. νοειται) ουχ ὡς τοπος etc.

****) Geht auf den Aristotelischen Satz, daß die erste Ursa=
che aller Bewegung unbewegt ist. Aristot. Phys. VIII, 6.
Plato hingegen nahm das stets Bewegte, und sich selbst
Bewegende dazu an. (Phæd. p. 122. & alibi.)

*****) εφης. Hievon bisher noch kein Wort, also ist der An=
fang dieser Schrift verloren.

tenkreise von dem Unbewegten bewegt werden? — Dies ist, Aeskulap, nicht Bewegung, sondern entgegengesetzte Bewegung. Denn sie bewegen sich nicht nach einerley, sondern entgegengesetzter Richtung. In diesem Gegensatze ist das Gegeneinanderstreben der Bewegung Stillstand, weil die Reaktion Stillstand der Bewegung ist, *) Weil also die bewegten Kreise sich dem Ruhenden entgegengesetzt bewegen; so werden sie auch von einander durch ihre entgegengesetzte Zusammenkuft, von der ruhenden aber durch eben diesen Gegensatz bewegt. **)

Anders kann es nicht seyn, denn jene Bären, die du weder auf, noch untergehen siehst, sondern sich stets um einen Punkt drehen, glaubst du sie bewegt, oder nicht? — Bewegt, mein Trismegist —. Nach welcher Bewegung, Aeskulap? — Nach der sich um einen Punkt drehenden — Diese Kreisbewegung, und dies Drehen um denselben Punkt wird durch Ruhe hervorgebracht. ***) Denn

B 5   dre=

---

*) ςαςεως ες̔ι Φορα verstehe ich nicht wohl, aber ςαςις Φορας, Reaktion nemlich setzt Stillstand voraus; weil ein durchaus keinen Augenblick still stehender Körper auch nicht zurück wirken kann. So auch der Stoßenser.

**) Alles Bewegte bewegt sich im Ruhenden; eine Sphäre bewegt sich in der andern nach Ptolemäischen Systeme; also ist jenes falsch. Antwort nein, die entgegengesetzte Bewegung setzt Stillstand voraus, und bies entgegengesetzte Bestreben verursacht eben die Bewegung. Auch dieses Räsonnements Zusammenhang sehe ich nicht, vermuthlich weil der Text noch in zu schlechten Umständen ist.

***) η δε περιφορα το αυτο ohne Sinn; der Stobenser richtiger: η δε περιφορα η περι το αυτο κινησις ες̔ι υπο ςαςεως κατεχομενη.

drehen um einen Punkt hindert das Hinaufsteigen; und so wird die entgegengesetzte Bewegung Ruhe, weil sie durch den Gegensatz in feste Gränzen geschlossen wird. *) Hievon will ich dir ein einleuchtendes Beyspiel nennen. Betrachte einmal die Land=Thiere, den Menschen z. B. im Schwimmen: indem das Wasser stets hinab läuft, bringt das Gegenstreben mit Händen und Füssen Ruhe hervor, so, daß der Mensch nicht vom Wasser hinunter getrieben wird. — Du hast, Trismegist, da ein sehr auffallendes Beyspiel gegeben — Alle Bewegung also erfolgt in Ruhe und durch Ruhe. Die Bewegung der Welt, überhaupt jedes materiellen Thieres, wird nicht von Dingen außer dem Körper, **) sondern vom innerlichen nach aussen, der Seele oder dem Geiste, oder einem andern unkörperlichen

*) Φορα εδραια verstehe ich nicht; der Stobenser richtiger: ουτω και η εναντια Φορα ἕστηκεν ἑδραια. Er will darthun, daß durch Kreisbewegungen Bleiben in einem Orte erzeugt wird. Dies vollständiger so: Was sich um einen Mittelpunkt bewegt, könnte sich auch in gerader Linie nach oben oder unten, oder seitwärts bewegen; also muß eine Ursache seyn, die dies hindert. Nach oben kann es nicht, sonst würde es sich nicht um den Punkt drehen, also auch nicht seitwärts, folglich auch nicht nach unten; vornemlich da der obere Kreis diese Entfernung nach oben hindert. Also muß es in demselben Orte bleiben.

**) κατεκτος του κοσμου. Fluſſas extra mundum. Auch Ficin, gegen allen Zusammenhang, denn er will darthun, daß die Thiere durch ein inneres geistiges Princip bewegt werden. Der Stobenser richtiger: η ουν κινησις του κοσμου ουχ υπο των κατ' εκτος του σωματος. Woher das genommen seyn mag, ob aus des Verf. eigenem Gehirn? weiß ich nicht.

perliches Wesen hervorgebracht. Denn ein Körper bewegt kein lebendes Wesen, auch alle Körper einander nicht, wenn sie leblos sind. *) Wie verstehst du das, Trismegist? Ist nicht, was Holz, Steine und beseelte Wesen bewegt, alles Körper? — Keinesweges, Aeskulap; denn was in dem Körper dessen befindlich ist, der das leblose bewegt, und beyde Körper bewegt, sowohl des tragenden, als des getragenen, das ist kein Körper. **) Folglich kann ein lebloses das andere nicht bewegen. ***) Daher siehst du auch, daß die Seele beschwert wird, wenn sie allein zween Körper tragen muß.

Hieraus ergiebt sich, daß alles Bewegte in etwas und durch etwas bewegt wird. — Was sich bewegt, muß sich im leeren Raume bewegen — Du erinnerst mich hieran zur rechten Zeit, Aeskulap,

*) Der Stobenser richtiger: σωμα γαρ εμψυχον ου κινει — σωμα καν η αψυχον.

**) σωματος το κινουν, Flussas του κινουντος mit Recht.

***) το καθευδον, Flussas καθεαυτον noch nicht zureichend; denn worauf soll es gehen? Flussas übersetzt quocirca animatum est per se ipsum, quandoquidem mouet; gegen das Raisonnement: denn er will zeigen, nicht daß das Beseelte bewegt, sondern daß der Bewegung unmittelbare Ursache etwas Beseeltes ist. Der Stobenser liest richtig: αψυχον ουκ αψυχον κινησει. Diese ganze Stelle steht in Stob. Eclog. Phys. I. p. 41. Auch dieser ist sehr fehlerhaft: unbeträchtliche Verschiedenheiten habe ich übergangen. Das Raisonnement hängt noch so nicht zusammen; durch des Verfassers, oder des verdorbenen Textes Schuld? Scharf zu denken scheint, so sehr er sich auch die Miene giebt, seine Sache nicht; er hatte, nach dem Sprichworte, die Glocken läuten gehört, wußte aber nicht, wo sie fiengen.

lap, es giebt nichts leeres, nur was nicht existirt, ist leer, und vom Daseyn entblöst; ein wirkliches Leere aber kann durchaus nicht vorhanden seyn — So giebt es denn gar nichts dergleichen, mein Tris= megist? Man hat ja doch leere Gefässe, leere Be= cher, ganze Flüsse, und manche andere dergleichen Dinge — *)

Pfuy des Irrthums, was vorzüglich voll und gestopft ist, **) hältst du, Aeskulap, für leer. — Wie sagst du, Trismegist? — Die Luft ist ein Kör= per, ***) und dieser Körper durchdringt er nicht alle, und erfüllt sie im Durchdringen? Ist nicht sie ein aus Körpern gemischter Körper? ****) Al= les also, was du leer nennst, ist voller Luft, *****) mithin auch voll der vier Körper. ******). Hieraus folgt

*) Johann von Stobi liest hier ουδε εν των οντων κενον εςι τω της υπαρξεως λογω, etc. Kein existierendes ist des Wesens der Existenz beraubt, und was existiert, könnte nicht existieren, wenn es nicht des Daseyns voll; das Leere kann nie ein existierendes Et= was werden. — Giebt es also, Trismegist, keine leere Dinge, z. B. Gefässe, Becher, Keller und andere der= gleichen Dinge? (Stobäus l. c.) unstreitig vorzüglicher!
**) μεγιςα, der Stobenser μεςοτατα, richtiger.
***) Der Stobenser so: ist nicht Luft Körper? — Freylich —
****) κεκραμενον συνεςηκε Stob.; nicht sehr verschieden. σωματων Stob. τεσσαρων, den Elementen nemlich; besser.
*****) μετα δε Stob., verdorben.
******) των τεσσαρων σωματων. Geht auf den Ari= stotelischen Satz, daß die Elemente sich in einander ver= wandeln, folglich jedes alle werden kann, also auch die Luft alle in sich hält. Der Stobenser setzt noch hinzu: ει δε του αερος και των τεσσαρων σωματων, richtiger.

folgt gerade das Gegentheil, daß nemlich, was du voll nennst, von Luft leer ist; weil andere Körper den Platz einnehmen, und der Luft keinen lassen; *) Was du also leer nennst, muß man hohl nennen, nicht aber leer, weil es von eingeschlossener Luft voll ist. — **) Gegen deinen Beweis, Trismegist, läßt sich nichts einwenden; die Luft ist ein Körper, und zwar ein solcher, der alles durchdringt und durchdringend füllt. ***)

Wie aber wollen wir den Ort nennen, worinn sich alles bewegt? — Unkörperlich, Aeskulap — Und was ist denn unkörperlich? — Der Verstand, das denkende Wesen, ****) das sich selbst ganz umschließt, und von allem Körper frey, das unbewegt ist, von keinem Körper etwas leiden, nicht berührt werden kann, das in sich selbst unveränderlich, alles umfassend, aller Dinge Erhalter ist; dessen Strahlen das Gute, und Wahrheit sind, das ursprüngliche Licht, der Seele Urquelle. *****) Gott also ist

*) Der Stobenser richtiger, ἐκείνων ὑπ' ἄλλων σωμάτων ξενοχωρουμένων, καὶ μὴ ἐχόντων δέξασθαι τὸν ἀέρα. Ein Paar kleine Versehen habe ich weggelassen.

**) ὑπάρχει γὰρ καὶ μέσα ἐστίν, der Stobenser besser, ὑπάρξει γάρ.

***) τοῦτο δὲ τὸ σῶμα οὐ Fluffas ὅ, aber noch nicht ausreichend; der Zusammenhang entweder, daß ὅ weg bleibe, oder τοιοῦτο δὲ σῶμα, ὅ gelesen werde, der Stobenser hat diesen Zusatz nicht, er ist auch überflüßig.

****) λόγος, der Stobenser ὅλος, besser.

*****) Hier werden an Aristotelische Ideen, Orientalische, oder neu-Platonische geknüpft. Hatte Aristoteles Gott für Licht gehalten, so konnte es ihm an einem eigentlichen Namen seiner quintæ naturæ nicht fehlen. Man ist also keins von diesen allen, aber er ist, und ist des Daseyns aller dieser Ursache, ihrer aller, auch jedes Theiles jeder dieser Dinge. Er hat nichts übrig gelassen, das nicht wäre. Alles, was wird, wird aus Etwas, durchaus Nichts aber aus Nichts, denn was nicht ist, kann auch nicht werden; *) umgekehrt, was ist, kann unmöglich Nichts werden. Von wem also willst du sagen, es sey nicht gewesen? **) Gott weiß, daß diese Philosophen, ohne etwas selbst zu empfinden, die entgegengesetztesten Systeme zu vereinigen suchten.

*) ἀλλὰ τοῦ μὴ δύνασθαι τι τὸ γενέσθαι, ohne Sinn! streicht man τὸ weg: so ist es Wiederhohlung des vorhergehenden mit andern Worten, also Erläuterung. Diese Beschreibung gut Plotinisch: das Eines selbst, sagt er, ist alles, und doch Keins von allen. (Ennead. V, II, 1.) Man sieht übrigens deutlich, daß er den Raum Gott nennt. Newton und Clarke sehen ihn wenigstens als Gottes Eigenschaft an. Vielleicht war dies auch Aristoteles eigentliche Idee, wenigstens passen hierauf die von ihm angenommenen Eigenschaften Gottes am besten. Die unbewegliche Sphäre ist nach ihm die letzte, und diese Gott: Gott aber hat keine Theile, keine körperliche Ausdehnung ($\mu\varepsilon\gamma\varepsilon\vartheta$ος) und ist durchaus unveränderlich; alles Eigenschaften des Raumes. Raum (τοπος) durfte er ihn nicht nennen, weil er in der Welt keinen von den Körpern verschiedenen Raum oder Ort, mithin auch kein Vakuum annahm. Es blieb ihm also nichts übrig, als dunkel und räthselhaft von dieser quinta natura zu sprechen, weil er keinen Namen dafür hatte; und eine Sache ohne eigenthümlichen Namen allemal räthselhaft wird. (Aristot. Phys. VIII. passim.)

**) τι οὖν φῂς τοῦ μὴ εἶναι ποτε; hat keinen Sinn. Aus dem vorhergehenden ist die natürlichste Folge, daß eigentlich nichts entsteht und vergeht; also müßte es wohl heissen: τι οὖν φῂς μὴ εἶναι ποτε;

Gott daher ist nicht der Verstand, sondern Ursache, daß Verstand ist, *) nicht Geist, noch Licht, sondern Ursache des Lichts. Gott also muß man unter diesen beyden Namen verehren, die ihm allein, und keinem andern zukommen. Keiner von den andern sogenannten Göttern, oder Menschen, oder Dämonen, kann in irgend einem Grade gut seyn; außer Gott allein; dies allein ist er, und nichts anders. Alles übrige kann das Wesen des Guten nicht fassen; **) denn es ist Körper, oder Seele, ***) welche beyde keine Sinne haben, das Gute zu fassen. Denn das Gute ist so groß, als alles existirende, Körper und Geister, sichtbare und denkbare. Dies ist Gott. Nenne also nichts anders gut, denn du würdest eine Gotteslästerung begehen; nichts anders Gott, als nur das Gute, denn auch so würdest du ihn lästern. ****)

Zwar

*) αιτιος δε του ειναι, aus der Folge ergiebt sich, daß entweder φως hier ausgefallen, oder wenigstens zu verstehen ist.

**) τα δε αλλα παντα χωρητα, Fluxas diuulfa. Dann müßte stehen χωρισα; die Folge lehrt: ου χωρητα non capacia.

***) σωμα γαρ εςι και ψυχη, schicklicher wohl η ψυχη.

****) Wieder Plotinisch; das Gute, sagt er, ist über alles Wesen erhaben, über alle Handlung, Verstand und Vernunft. Dies muß unverändert fortdauern, und alles auf sich richten, wie der Kreis sich um seinen Mittelpunkt dreht, aus dem alle entstehen. (Ennead. I, VII, 1.) Es ist aller Dinge Princip, bringt aus sich Verstand, Existenz, Seele, Leben hervor; es herrscht in der Intellektual=Welt. (I, VIII, 2.) Gott also kann auch nicht der Verstand seyn, weil er sonst nicht aller Dinge Urheber seyn würde. Daher borgt auch Plotin alt=Eleatische Ausdrücke, und nennt Gott das Wesen, (το ον) vorzugsweise. Dies ist aller Misdeutungen

Zwar nennen alle das Gute; aber nicht alle wissen, was es ist. Darum wissen auch nicht alle, was Gott ist, sondern aus Unwissenheit nennen sie sowohl Götter, als auch einige Menschen gut, die doch nie es seyn, noch werden können. Dies ist Gott durchaus unanständig, weil das Gute, da es Gott selbst ist, von Gott unzertrennlich ist. Alle übrigen unsterblichen Götter also werden zwar mit Gottes Namen beehrt; Gott aber allein ist doch das Gute, nicht Ehren halber, sondern wesentlich. Denn Gottes einziges Wesen ist das Gute, und beyder Geschlecht Eins, aus dem alle übrigen Geschlechter entspringen. Der Gute giebt alles, und empfängt nichts; Gott also giebt alles, und empfängt nichts. Gott also ist das Gute, und das Gute Gott. *)

Sein

des alt-Eleatischen Systems einzige Quelle, daher wollen Simplicius, Philopon, und alle neuere Commentatoren durchaus, daß Xenophanes, Zeno, Parmenides unter dem ὄν und ἕν nur die höchste immaterielle Gottheit verstanden haben soll, und Aristoteles muß bey ihnen, so wie bey ihren Nachfolgern unter den Neuern, vorsetzlicher Verdreher seyn.

*) So spricht auch Plotin: sein höchstes Geschlecht ist τὸ ἕν, oder das Eine; und das Eine ist auch zugleich das Gute. Kann, spricht er, nichts besser seyn, als das, von dem alles ist, und ist alles übrige weniger gut: so folgt, daß das Gute unter allem das beste ist. Ja, es muß sich selbst allgenugsam, und keines andern bedürftig seyn. (Ennead VI, VII, 23.) Daß alle Geschlechter aus dem Eins entspringen, sucht Plotin weitläuftig und räthselhaft darzuthun. Nutzen würde das vielleicht gehabt haben, wenn er aus einem allgemeinen Begriffe die andern abzuleiten gesucht hätte. So aber scheint er darauf auszugehen, sie als Wirkungen eines einzigen zu erklären, freylich, nachdem er sie vorher in das Principium gelegt hatte. (Ennead. VI, II, 1. sqq.)

Sein anderer Name ist Vater, abermals weil er alles hervorbringt. Denn des Vaters ist hervorbringen, und daher ist die größte und gottesfürchtigste Beschäftigung der Verständigen in diesem Leben, Kinder zu zeugen; und das größte Unglück, die größte Sünde, Kinderlos diese Welt zu verlassen. Ein solcher wird nach dem Tode noch von den Dämonen bestraft, und ihre Strafe ist diese: Die Seele des Kinderlosen wird verurtheilt, in den Körper eines Geschöpfs zu gehen, das weder männlich, noch weiblich ist, welches von der Sonne verflucht ist. Du also, Aeskulap, habe keinen Umgang mit einem Kinderlosen,*) vielmehr bedaure sein Schicksal, da du weißt, welche Strafe seiner wartet. Dies sey dir, Aeskulap, als Einleitung in die Kenntniß aller Dinge gesagt.

Hermes Trismegist.   C   Drit-

---

*) συνηθης considens Flussas; von ἥμαι, doch wohl nicht, von ἥδομαι giebt keinen Sinn; wahrscheinlich also wohl συνηθης γενου.

**) Auch dies nahmen die Eklektiker vom Plato: Seelen, die sich als Menschen betragen haben, gehen wieder in menschliche Gestalten; die nur den Sinnen gefolgt sind, in unvernünftige Thiere. (Plotin. Ennead. III, IV, 2.) Ob er hier den Kinderlosen nach dem Tode in einen Hermaphroditen bannt, ist nicht ganz klar, doch scheint es. Die Folgerung selbst scheint in seinem eigenen Gehirne entstanden. Enthusiasten pflegen sonst die Fortpflanzung des Geschlechts für etwas zu grobes und materielles zu halten.

Drittes Hauptstück.
Hermes Trismegists heilige Rede.
Entstehung der Welt aus dem Chaos.

Aller Wesen Ehre ist Gott, und die Gottheiten und das göttliche Wesen. *) Aller Anfang ist Gott, der Verstand, die Natur, die Materie und Weisheit, die alles ans Licht brachte. **) Gott und Natur sind Princip, Kraft, Nothwendigkeit, Ende und Erneuerung. Denn es war gränzenlose Finsterniß in der Tiefe, und Wasser, und feiner verständiger Hauch, die durch göttliche Kraft im Chaos wohnten. ***) Ein heiliges Licht brach hervor,

---

*) δοξα παντων, giebt freylich keinen rechten Sinn, vermuthlich ist hier, wie vorher der Anfang weggefallen. Auch das Folgende ist so räthselhaft, daß ich keine Erklärung wagen darf. Solche abgerissene Sätze bekommen erst in der Verbindung mit einem Systeme ihren Sinn, ohne die läßt sich aus ihnen alles machen. Er setzt Materie unter die Principien: den Neu-Platonikern ist sie nicht einmal etwas reelles, sondern blosse Privation. Er nimmt also, wie auch das folgende zu sagen scheint, die Materie für ewig an, doch von Gott verschieden. Dies nähert sich mehr dem Alt-Platonischen Systeme. Doch ist er auch hier orthodox; Nothwendigkeit zählte wenigstens Plato nicht unter die Principien, und Gott wird zur Schöpfung nur durch Güte bewegt.

**) σοφια εις δειξιν απαντων ων, sapientia in argumentum omnium eorum quæ sunt. Flussas. Ficin übergeht es ganz, weil es keinen Sinn hat. Wie wenn man also läse? σοφια εις δειξιν απαντ' αγουσα.

***) σκοτος scheint, weil es vom Wasser unterschieden wird, die ursprünglichen Erdtheilchen zu bezeichnen. Ob aus dieser groben Materie die Gottheit gemischt war?

vor, und aus dem feuchten Wesen wurden von ihm die Elemente gebildet, *) und alle Götter durch Theilung der Saamen-Materie. **) Weil alles ungeschieden und ungebildet war: so schied sich das Leichte nach oben, das Schwere aber legte sich unter feuchtem Sande zum Grunde, nachdem alles durchs Feuer gesondert, und in der Höhe befestigt war, daß der Hauch es bewegen konnte. Es erschien der Himmel in sieben Kreisen, und die Götter sichtbar in den Gestalten der Sterne, nebst allen ihren Zeichen, und wurden mit den in ihnen wohnenden Göttern an ihre Stellen gesetzt. ***) Mit Luft wurden die Sphären bekleidet, die sich in einem Kreise, durch Gottes Hauch, herumdreht.

---

*) Die Stellung der Worte, und das folgende besagt es, das System kurz dies: ursprünglich eine Mischung aller Wesen; vermöge der Leichtigkeit erhob sich daraus ein leuchtendes feuriges Wesen, darauf trennten sich die übrigen Elemente nach ihrer Schwere, jedes nahm seinen Platz, Feuer und Licht bildeten die Planeten, diese nach und nach die Erde, und so entstunden auch Thiere. Völlig nach dem Sinne Heraklit's, Empedokles, und der ältern, ehe noch Anaxagoras Gottes abgesondertes Daseyn deutlich gelehrt hatte; denn vor ihm ließ man alles aus einer gemeinschaftlichen Masse entstehen.

*) ὑπ' ἀμμω, nicht sehr verständlich; wie wenn ὑπ' αυτω? Gleich unten kommt es noch einmal vor, den eigentlichen Sinn sehe ich nicht.

**) και θεοι παντες καταδιαιρουσι φυσεως ευσπορου, gegen den Sprach-Gebrauch, Fitin diique omnes naturam seminalem deligebant. Ich vermuthe και θεοι παντες, sc. επαγησαν, καταδιαιρεθεισης φυσεως ευσπορου.

***) εν αυτης, Flussas verbessert εν αυτοις mit Recht.

Und jeder Gott brachte das ihm aufgetragene durch eigne Macht hervor; es entstanden Thiere, vierfüßige, kriechende, schwimmende und fliegende, aller Saame, der gesäet wird, und Gras, und aller Blumen Kraut brachten ihrer Erneuerung Saamen in sich selbst hervor. *) Sie bildeten Menschen zu Erkenntniß der Werke Gottes, und wirksamen Zeugen der Natur, und Menge von Menschen zu Beherrschern alles, was unter dem Himmel ist, **) zur Erkenntniß des Guten, daß sie wuchsen im Wachsthum, und sich mehrten in Menge; Bildeten alle Seelen an Fleisch durch den Lauf der sich im Kreise bewegenden Götter ***) zum Schauen des Himmels, des Laufes himmlischer Götter,

*) εν αυτοις εσπερμολογουν. τας τε γενεσεις. Hier fehlt für das folgende ein Zeitwort. Mit einer kleinen Aenderung der Unterscheidungs-Zeichen, und eines Wortes Zusatz, kommt mir alles deutlich vor. So nemlich: εν αυτοις εχοντες. εσπερμολογουν τε τας etc. Die παλιγγενεσια scheint hier etwas Heraklitischen und Empedokleischen Lehren ähnliches zu sagen. In der Folge sagt er: alles soll aufgelöset, und durch Nothwendigkeit von den Göttern wieder erneuert werden. Jene Philosophen nemlich lehrten, das Universum kehre nach gewissen Perioden wieder in seinen chaotischen Zustand zurück, und aus dem wieder in ordentliche Welten. Nicht weil die Gottheit, sondern der Materie Natur es will. Dies stimmt auch mit jenen Sätzen von aller Dinge Entstehung aus dem Chaos am besten überein.

**) και παντων. Flussas εις richtiger.

***) δια δρομηματος θεων εγκυκλιων τερασποριας. Ein Substantiv überflüßig, ich vermuthe das letztere. Sind die Gestirne, welche gleichfalls in den Welt-Bau Einfluß haben. Das Wachsen und sich Mehren, ein mosaischer Ausdruck.

Erden, **) und zu finden alles weislich gemachte Gute. Ihr Leben und Klugseyn geht auf einen Theil des Laufes, der sich im Kreise bewegenden Götter, und in sie aufgelöset zu werden, daß sie grosse Denkmähler der Weisheit auf Erden seyn, ***) wenn sie dem Namen nach der Zeiten Verdunkelung verlassen.

Alles Geschlecht lebendes Fleisches, Saamens der Früchte, und auch das Kleinste des ganzen künstlichen Weltbaues wird durch Nothwendigkeit und Erneuerung der Götter, und den abgezählten Kreislauf der Natur erneuert werden. Denn Gott ist das ganze Weltgebäude, nach seinem Wesen betrachtet; in der Gottheit hat die Natur ihren Wohnsitz. ****)

---

*) εις τε σημεια αγαθων verstehe ich nicht.

**) μοιρας οχλουμενης γνωναι αγαθων και φαυλων. Flussas οικουμενης. hilft aber noch aller Dunkelheit nicht ab; ich glaube auch οικουμενης ist überflüßig, wenigstens verstehe ich, was γνωναι μοιρας αγαθων και φαυλων sagen soll.

***) αρχεται αυτων βιωσαι, Flussas ερχεται besser. και αναλυθηναι εις ο εσονται μεγαλα απομνημονευματα, verstehe ich nicht; vielleicht εις τουτο και εσονται.

****) Die neuern Platoniker, gleich ihrem ersten Stifter, unterscheiden Gott und die Welt; jene ältern Philosophen hingegen, Empedokles, Heraklit, nebst den Stoikern, sagten, die Welt sey Gott selbst, weil jenes feurige, die Welt bildende Wesen zugleich auch in der ganzen Welt ausgebreitet sey. Nach dem oben angeführ-

Viertes Hauptstück.

Hermes Trismegists Rede an seinen Sohn, Tat Becher, oder Monas genannt.

Alles ist Eins: göttliche Erleuchtung, unser einziges Heilsmittel.

Da der Schöpfer die ganze Welt nicht mit Händen, sondern durch sein Wort gemacht hat: so denke sie dir als das Werk des stets gegenwärtigen, stets seyenden, alles schaffenden Einzigen, und durch seinen Willen alles Hervorbringenden. *) Dies ist sein Körper, nicht fühlbar, nicht sichtbar, nicht meßbar, nicht ausgedehnt, noch irgend einem andern Dinge ähnlich. Er ist nicht Feuer, noch Wasser, noch Luft, noch Hauch; sondern alles, was er gemacht hat. **)

Wie

ten Cosmogonie=Systeme kann der Verf. es in keinem andern, als diesem Sinne nehmen.

*) λογω. Nach Plotin und seines Gleichen zeugt die oberste Gottheit, das Eins, das Wesen im vorzüglichen Verstande, das Wort oder den Verstand, λογον. dieser die Welt=Seele, und diese die Welt. (Plotin. Ennead. V, I, 7.) Dieser Verf. scheint abzuweichen, doch weil er nirgends sagt, ob mittelbar, oder unmittelbar: so läßt sich nichts ausmachen.

**) Was denn? Man kann nehmen, sein Körper ist nicht sichtbar, fühlbar u. s. w.; auch der Verstand ist es; dies aber dürfte wohl gegen die Neu=Platonischen Grundsätze seyn. Vielleicht ist hier etwas ausgefallen. Daß Gott kein einziges besonderes, und doch aller Wesen ist, habe ich schon aus Plotin angeführt. Der Stobenser liest αυτου nicht so bequem.

Weil er gütig ist, denn der Güte allein folgt er; so wollte er auch die Erde schmücken. *) Dazu schenkte er dem Menschen ein Bild des göttlichen Körpers, ein sterbliches Thier nach dem Urbilde des unsterblichen herab. **) Und dieses Thier war vollkommener, als die Welt der Thiere, durch Verstand und Vernunft. ***) Denn der Mensch wurde Beschauer der Werke Gottes, er bewunderte sie, und erkannte seinen Urheber. Verstand, o Tat, hat er allen Menschen ausgetheilt; nicht aber Vernunft; nicht aus Neid gegen einige, denn von ihm kommt kein Neid, sondern entsteht unten in den Seelen unvernünftiger Menschen. ****)

War=

---

*) υπ' αυτου αγαθος ων, μονος γαρ etc. Hier sehe ich keine Verbindung. Mit geänderter Distinktion scheint mir alles klar. αυτου αγαθος ων, μονω γαρ τουτω ανατεθεικεν, ηθελησε και την γην κοσμησαι. Der Stobenser liest noch besser, αγαθος γαρ ων, μονω εαυτω αναθηναι τουτο ηθελησε, και κοσμησαι την γην, weil er gütig ist, wollte er nur sich dies zu danken haben, und die Erde schmücken. (Eclog. Phys. l. p. 5.)

**) Dies gerade wie das erste Hauptstück. Der Bewegungsgrund der Schöpfung, Güte, aus dem Plato.

***) και ο μεν κοσμος των ζωων επλεονεκτει του ζωου, και του κοσμου τον λογον και τον νουν. Gleichfalls ohne Sinn. Ich vermuthe και του κοσμου των ζωων επλεονεκτει το ζωον, τω λογω και τω νω.

****) νους und λόγος werden hier unterschieden, nicht so in dem ersten Hauptstücke; Letzterer ist ihm natürlicher Menschenverstand; ersterer hingegen übernatürliche Einsicht. Wahrscheinlich versteht er die Kenntnisse darunter, die nur in Ekstasen durch Gottes, oder höherer Geister Einfluß den Menschen ertheilt werden. Dabey liegt

Warum hat denn, o Vater, Gott nicht allen Vernunft mitgetheilt? — Er wollte sie, mein Sohn, mitten unter den Seelen als Belohnung des Kampfes aufstellen. Und wo hat er sie aufgestellt? — Er hat sie in einen Becher gethan, und einen Herold damit ausgeschickt, den Menschen-Herzen dies zu verkünden. Die Menschen-Seele, welche es kann, tauche sich in diesen Becher, die da glaubt, daß sie hinansteigen wird zu dem, der den Becher gesandt hat, *) der da weiß, wozu sie geschaffen ist. Die nun die Verkündung verstunden, und mit Vernunft getauft wurden, hatten Theil an der Erkenntniß, und wurden, nach Erlangung der Vernunft, vollkommene Menschen. Die aber die Verkündung nicht begriffen, bekamen zwar Verstand, nicht aber Vernunft, und wissen nicht wozu, noch von wem sie gemacht sind. Ihre Sinne sind gleich denen unvernünftiger Thiere, aus Begierde und Zorn zusammengesetzt, und bewundern nicht das sehenswerthe: sie folgen den körperlichen Wollüsten und Begierden, und glauben, um deren Willen sey der Mensch geschaffen.

Die aber der Gottes-Gabe theilhaftig wurden, werden nach ihrer Thaten Verdienst, für sterbliche unsterblich, weil sie in ihrer Vernunft alles, was auf Erden, im Himmel, und über dem Himmel ist, gefaßt haben. So hoch erhaben sahen sie das
Gute,

auch, der ganzen Anlage der Schrift nach, noch die Neben-Idee von Erleuchtung, aus der christlichen Dogmatik.

*) η πιϛευουσα οτι ανελευση, muß wohl die dritte Person seyn ανελευσεται, so auch im folgenden. Der Neu-Platonische ανοδος wird hier gemeynt.

Gute, und nach deſſen Erblickung hielten ſie den
Aufenthalt hienieden für Unglück, mit Verachtung
aller körperlichen und unkörperlichen Dinge, trach=
ten ſie nach dem Einen und Einzigen. Dies, mein
Tat, iſt die Wiſſenſchaft der Vernunft, die Got=
tes=Erkenntniß, die Betrachtung göttlicher Dinge,
weil der Becher göttlich iſt. *)

Auch ich, mein Vater, wünſche getauft zu
werden — Haſſeſt du, Sohn, nicht vorher dei=
nen Körper; ſo kannſt du dich ſelbſt nicht lieben.
Liebſt du aber dich ſelbſt: ſo wirſt du Vernunft be=
kommen, und haſt du Vernunft; dann wirſt du
auch der Wiſſenſchaft theilhaftig werden. **) —
Wie verſtehſt du das, mein Vater? — Unmög=
lich, mein Sohn, kann man ſich zugleich mit ver=
gänglichen und göttlichen Dingen beſchäftigen;
denn weil es zweyerley Arten von Weſen giebt,
körperliche und unkörperliche, worunter auch die

C 5   ver=

---

*) Man ſieht leicht, daß das aus der Taufe der Chriſten
hergenommen iſt; der Verf. ſucht deren Wirkungen aus
ſeinem Syſteme zu erklären. Dadurch ſollen wir zum
Anſchauen Gottes, und der Vereinigung mit Gott
gelangen, das höchſte Gut der neuen Platoniker.
(Plotin. Ennead. VI, IX, 11.) Dadurch allein bekom=
men wir wahre, gewiſſe, wiſſenſchaftliche Erkenntniß
aller Dinge, ja wir gelangen auch ſogar zur Gabe, das
Künftige vorherzuſehen. (Jamblich. de myſt. p. 58. ſqq.)
Wir erlangen Herrſchaft über die Geiſter, und ſie müſ=
ſen uns erſcheinen. (ibid. p. 99.)

**) επιϛημης, iſt der Alten unumſtößliche, auf Demon=
ſtration gegründete Wiſſenſchaft. Nach Plato entſpringt
ſie allein aus Betrachtung der Ideen, jener unwandel=
barer Originale aller Weſen. Dieſe ſind in Gott, in Gott
ſehen wir ſie; alſo Gottes Anſchauen das einzige Mittel
zur Wiſſenſchaft.

vergänglichen und göttlichen gehören: *) so kann
der wählende nur eins von ihnen auslesen, da, wer
wählen soll, nicht beydes zugleich nehmen darf.
Des einen Geringschätzung, macht des andern
Macht einleuchtend. Die Macht des bessern ist
nicht nur dem wählenden die schönste Wahl, son=
dern zeigt auch noch die Ehrfurcht gegen Gott. Die
aber des schlechtern richtet den Menschen zu Grunde.
Gegen Gott liegt hierin kein Vergehen, außer nur,
daß wir die Proceßionen vorbeygehen, ohne etwas
wirken zu können, als nur andern im Wege zu ste=
hen, so auch diese in der Welt, durch ihre körperli=
chen Lüste, eine große Figur machen. **)

Da nun sich dies so befindet, so hat, und wird
Gott uns alle Unterstützung geben; nur müssen wir
uns selbst nicht verlassen und zurückbleiben. Denn
Gott ist unschuldig, wir hingegen sind Schuld an
allem Uebel, weil wir es dem Guten vorziehen. ***)
Du siehst, mein Sohn, wie viele Körper, wie viele
Versammlungen von Dämonen wir durchwandeln
müssen, den Zusammenhang und den Lauf der Ge=
stirne

---

*) Gott heißt unkörperlich, und doch wird er Licht ge=
nannt! Der Alten Unkörperliches ist nicht unser Einfa=
ches; sondern entweder was sich nicht fühlen läßt, keine
körperliche Solidität, oder Impenetrabilität hat, wie
hier; oder auch manchmal, was nicht zu Körpern ge=
wisser Art geformt ist: in welchem Sinne die erste rohe
Materie manchmal unkörperlich heißt.

**) Eine dunkle, vielleicht nicht unverdorbene Stelle! Mir
schimmert folgender Sinn durch: gegen Gott vergeht
man sich durch verkehrte Wahl eigentlich nicht; nur
macht man sich dadurch zu allem Guten unfähig.

***) Den Ursprung des moralischen Uebels schreiben die
neuern Platoniker der Freyheit Mißbrauch zu. (Bruck.
Hist. Crit. Phil. Tom. II. p. 423.)

43

ſtirne) um zu dem Einen und Einzigen Gotte zu
gelangen. *) Nie kann das Gute durchlaufen wer=
den, es iſt unbegränzt; **) ohne Ende, und in
ſich ohne Anfang, uns aber ſcheint es, unſerer Er=
kenntniß nach, einen Anfang zu haben. ***) Un=
ſere Erkenntniß iſt nicht ſein Anfang, ſondern ſie
iſt nur uns Anfang des Gegenſtandes unſerer Kennt=
niß. ****) Laß uns dieſen Anfang ergreifen, und in
Eile alles durchlaufen. Denn es iſt ſehr hart, *****)
das Gewohnte und Gegenwärtige hintanzuſetzen,
und zu dem Alten und Ehemaligen umzukeh=
ren. ******) Die ſinnlichen Erſcheinungen ergö-
ßen,

*) Geht wohl auf die Annäherung zu Gott in der Ekſtaſe.
  Von ihr ſagt Jamblich, daß Gottes Licht ſich uns nä=
  hert, und unſre ganze Seele einnimmt. Das wichtig=
  ſte Zeichen der Inſpiration iſt, daß, wer die Gottheit zu
  ſich herablenkt, einen Geiſt herabſteigen ſieht. (de myſt.
  Aegypt. p. 58.) Doch ſpricht er an einem andern Orte
  ſo, als ob unſere Seelen zu Gott hinaufgehoben, von
  den materiellen Banden los gemacht, und in die Region
  des höchſten Gottes verſetzt werden. Beydes läßt ſich
  vereinigen, weil in beyden Fällen ſich die Gottheit erſt
  zu uns nahen muß. (ibid. p. 160.)
**) διαβατον και απεραντον. widerſprechend; Fluſſas
  peruium moleſte tamen; Ficin inſuperabilile; alſo wohl
  αδιαβατον.
***) αρχην εχειν την γνωσιν, man verſtehe κατα την
  γνωσιν. So auch Ficin, Fluſſas ſpricht Nonſenſe.
****) Verwirrt genug, ohne Geklirre: ob wir gleich in
  unſerer Erkenntniß des Guten einen Anfang haben
  müſſen; ſo folgt doch daraus deſſen Endlichkeit nicht.
*****) Geht auf Platos und ſeiner Nachfolger Lehre von
  unſerer Seelen Präexiſtenz. Dieſe waren, ehe ſie in den
  Körper kamen, ſeelige Geiſter, durch Gottes Anſchauen
  mit Wahrheit und Seeligkeit erfüllt. (v. Plat. Phæd.)
******) σκολιον, Fluſſas σκληρον mit Recht.

tzen, das Unsichtbare hingegen macht unsern Glauben schwer. Nun aber ist das Böse am offenbarsten, das Gute hingegen vor dem Scheinbaren verborgen, *) weil es keine Gestalt und keine Form hat. Darum ist es auch sich selbst ähnlich, allein andern aber unähnlich. Unmöglich kann das Unkörperliche dem Körper sichtbar seyn.

Hierin besteht des ähnlichen und unähnlichen Unterschied, und des erstern Vorzug vor dem letztern. Da die Einheit aller Dinge Grund und Wurzel ist, so ist sie in allen als Wurzel und Princip, und ohne das Princip ist nichts. Das Princip aber ist durch nichts, sondern durch sich selbst, wofern es anders aller andern Princip ist. Die Einheit also ist Princip, **) sie enthält alle Zahl in sich, ohne von einer andern umschlossen zu werden; und zeugt alle Zahl, ohne von einer andern gezeugt zu werden. Alles Entstandene hingegen ist unvollkommen, theilbar, ***) der Zu= und Abnahme fähig.

*) αφανες τοις φανεροις. Flussas: Bonum apparentibus non apparet, ohne Sinn. Ficin: Bonum occultum iis qui manifestis incumbunt, gegen den Text. Natürlicher scheint mir, das wahre Gut kann vor dem sinnlichen mächtigern Scheine nicht gesehen werden. Vielleicht ist ὑπὸ ausgefallen.

**) Eine Periode ohne Zusammenhang; ουσα αρχη — και αρχη ουσα, letzteres überflüßig. In den Ausgaben hat diese Periode keinen Sinn; ich habe nach des Stobensers besserer Lese=Art übersetzt. (Eclog. Phys. I. p. 27.) Hier wird auf die Pythagorische Zahlenlehre angespielt; in welcher physische Gegenstände durch Zahlennamen bezeichnet werden. Der Sinn davon: ein einziges Wesen, welches von keinem andern hervorgebracht wird, bringt alles aus sich hervor.

***) αδιαιρετον, Flussas besser, διαιρετον, so auch der Stobenser.

hig. Keins hievon kommt dem Vollkommenen zu. Was wachsen kann, wächst durch die Einheit, aber es wird von seiner eigenen Schwäche zu Grunde gerichtet, weil es die Einheit nicht weiter fassen kann. *)

Das Bild Gottes habe ich dir, mein Tat, nach Vermögen entworfen. Betrachtest du es genau, und schaust du es mit deinen Gemüths-Augen: so glaube mir, Sohn, du wirst den Weg zur Höhe finden; ja, vielmehr wird dies Bild dich leiten. Denn sein Anschauen hat eine eigene Kraft: die es zu beschauen eilen, hält es fest, und zieht sie an sich, wie der Magnet das Eisen an sich zu ziehen gesagt wird.

Fünftes Hauptstück.

Hermes Trismegists Rede an seinen Sohn Tat, daß der unsichtbare Gott sehr sichtbar ist.

Beschreibung der göttlichen Eigenschaften aus dem Anschauen der Natur.

Auch dies will ich dir, mein Tat, noch sagen, damit des höchsten Gottes Name dir nicht unbe=

---

*) Fehlt im Stobäer, und ist wahrscheinlich Rand-Gloße, weil es den Zusammenhang zerreißt. Auch dies vollkommen den Beschreibungen der neuern Platoniker gemäß, wie schon erinnert ist. Daß alles Entstandene auch vergänglich ist, war schon in der alten Philosophie Griechenlandes Grundsatz. Plato bedient sich desselben im Phädo, als eines ausgemachten. Der letztere Satz aber ist äußerst dunkel, doch kann ihn folgendes etwas aufhellen.

unbekannt bleibe. Du aber achte auf meine Rede, damit das, dem großen Haufen Dunkle, dir offenbar werde. *) Wäre es nicht ewig: so wäre es auch nicht verborgen, **) denn alles uns Offenbare hat einen Anfang, weil es einmal offenbar geworden ist. Was aber verborgen ist, ist ewig, denn es bedarf des Offenbarwerdens nicht, weil es ewig ist, und alles übrige ans Licht bringt. Er, der Verborgene, weil er ewig ist, offenbart alles, ohne selbst offenbar zu werden. Er selbst ist nicht entstanden, stellt aber der Einbildungskraft alles dar. Einbildungskraft nehmlich kommt nur geschaffenen Wesen zu, denn sie ist nichts anders, als Entstehung. ***)

Er, der Eine hingegen, ist ohne Anfang, nicht vorstellbar und verborgen. Weil er aber alles vorstellbar macht: so ist er auch durch alles, in allem, am meisten aber denen offenbar, welchen er sich offenbaren

Materielle Wesen vergehn durch Trennung, also dadurch, daß aus einem mehrere werden, also dadurch, daß sie nicht mehr Eins bleiben können, das ist, daß sie die Einheit nicht mehr fassen können.

*) πως, mir scheint ὅπως bequemer.
**) οὐ γαρ ἂν ἦν ἐι ἀφανες ἦν. Flussas verbessert: οὐ γαρ ἐι μη ἦν ἀφανες ἦν. Beydes der Folge nicht angemessen. Er beweiset, daß alles entstandene auch offenbar, also das nicht entstandene verborgen ist. Folglich ist wohl zu lesen: οὐ γαρ αει ἦν, ἐι μη αφανες ἦν.
***) Ein sonderbarer, aus dem bloßen Wortklange gezogener Schluß. Alles Scheinbare ist entstanden, weil es scheinbar geworden ist; denn wäre es nicht scheinbar geworden, so wäre es auch nicht etwas scheinbares, als so etwas wahrhaftes reelles, mithin ewiges. Folglich ist das ewige nicht scheinbar, daher verborgen.

baren will. *) Du alſo, mein Sohn Tat, bete zu=
erſt zum Herrn und Vater, dem Einzigen und nicht
Einem, ſondern von dem der Eine entſpringt, **)
daß er dir gnädig ſey, damit du den großen Gott
erkennen, und auch wenigſtens einer ſeiner Strahlen
deinem Verſtande leuchten möge. Nur der Ver=
ſtand ſieht das Verborgene, weil auch er ſelbſt ver=
borgen iſt. Kannſt du, o Tat, mit Verſtandes=
Augen ſehen: ſo wird er dir offenbar werden, denn
der Herr erſcheint überflüßig durch die ganze Welt.
Die Erkenntniß von ihm erhalten, ihn ſehen, ja
auch mit den Händen greifen, kannſt du, und Got=
tes Bild ſchauen. Iſt dir aber dein Inneres un=
bekannt, wie ſoll er dir denn durch deine Augen
erſcheinen? ***).

Willſt du ihn ſchauen: ſo betrachte die Son=
ne, betrachte des Mondes Lauf, betrachte der Ge=
ſtirne

---

*) Gegen die neuern Platoniker, denn dieſe geben nicht
zu: daß Gott in allen Dingen, und durch alle ſichtbar
ſey, nicht, daß ſein Weſen ſich durch die ganze Welt
ausbreite. Vielmehr ſcheint es kabbaliſtiſch, oder aus
der orientaliſchen Schule, weil hier das göttliche Licht
alles ſichtbar macht, und Gottes Strahl ſich durch das
Univerſum überall ausbreitet.

**) Geht auf die neu=Platoniſche Dreyeinigkeit, wovon
ſchon oben; der Einzige und nicht Eine iſt die Gottheit,
der von ihm entſpringende Eine iſt der Verſtand, oder
λογος.

***) Nach Plotin iſt Gott mit unſerer Seele innigſt ver=
eint; nur unſere Sinne, Begierden und Phantaſie ent=
fernen uns von ſeinem Anſchauen. Heben wir durch
Zurückziehung der Seele in ſich ſelbſt, und Entfernung
von allen körperlichen Eindrücken dieſen Unterſchied:
ſo ſchauen wir ihn in uns ſelbſt. (Plotin. Ennead. VI,
IX, 8. ſqq.) Denn unſere Vernunft iſt uns, wie eben
ſchon geſagt, aus ſeinem Weſen zugefloſſen.

stirne Ordnung. Wer ists, der diese Ordnung erhält? Denn alle Ordnung ist in Zahl und Ort eingeschlossen. Die Sonne ist der größte unter den Göttern am Himmel, dem alle himmlische Götter als ihrem Könige und Herrn gehorchen. Diese so große Sonne, größer als Erde und Meer, leidet dennoch, daß kleinere Gestirne sich über sie bewegen. *) Aus Ehrfurcht oder Furcht wessen, hätte nicht jedes dieser Gestirne denselben oder gleichen Lauf? Wer hat jedem die Art und Größe seines Laufs bestimmt? Jener Bär, der sich um seinen eigenen Mittelpunkt dreht, der die ganze Welt mit sich herum dreht, wer hat dies Werkzeug in seiner Gewalt? Wer hat dem Meere seine Gränzen gelegt? Wer die Erde befestigt?

Es ist einer, o Tat, dieser Aller Urheber und Herrscher. Unmöglich kann etwas seinen Ort, sein Maas, seine Regel beobachten, ohne einen Urheber. Keine Ordnung kann ohne Platz und Regel entstehen, Maaß aber und Platz, mein Sohn, erfordern einen Beherrscher. Denn ist das Unordentliche mangelhaft: so muß etwas da seyn, das die Ordnung aufrecht erhält, es steht folglich unter einem Herrn, der ihm noch die Ordnung nicht vorgeschrieben hat. **) Möchtest du doch Flügel bekommen können, um dich in die Luft zu schwingen, und zwischen Himmel und Erde schwebend der Erde Festigkeit, des Meeres Flüßigkeit, der Flüße Ströme,

---

*) πολευοντας, Fluſſas πολιτευοντας, offenbar schlechter.

**) Eine dunkle, verwirrte, vielleicht nicht ganz reine Stelle! Ich habe übersetzt, wie es der Zusammenhang zu fordern schien; auch Ficin so, nur übergeht er einige Kommata.

men, der Luft Feinheit, des Feuers Schärfe, der
Gestirne Lauf, des Himmels Geschwindigkeit und
seine Bewegung um seine Achse sehen. *) Welch
ein herrlicher Anblick, mein Sohn, dies alles mit
einem Blicke zu überschauen; des Unbeweglichen
Bewegung; **) des Verborgenen Anblick, wodurch
diese Ordnung der Welt, und diese Welt der Ord=
nung wirkt!

Willst du ihn auch in vergänglichen Werken
auf der Erde, und in der Tiefe schauen: so betrach=
te ihn, mein Sohn, im Mutterleibe den Menschen
bildend, untersuche die Kunst dieser Bildung genau,
und lerne daraus den, der dies schöne und göttliche
Menschenbild schuf. Wer hat die Augen gerün=
det? Wer Nasen und Ohren durchbohrt? Wer
den Mund geöfnet? Wer die Sehnen ausgespannt
und befestigt? Wer die Adern gehöhlt? Wer die
Knochen gehärtet? Wer das Fleisch mit Adern be=
kleidet? Wer die Finger abgetheilt? Wer den Fü=
ßen die Sohle breit gemacht? Wer die Schweißlö=
cher geöfnet? Wer die Milz ausgebreitet? Wer
das Herz spitz gebildet? Wer die Rippen zusam=
mengefügt? ***) Wer die Leber breit gemacht?
Wer die Lunge gehöhlt? ****) Wer den Bauch ge=
weitet? Wer die vorzüglichsten Theile den Augen
dargestellt, die häßlichen verborgen? Siehe, wie
viele künstliche Behandlungen einer Materie, wie
viele Werke in einem Ganzen, und alle sehr schön,

Hermes Trismegist.   D   alle

---

*) περι ταυτα, vielleicht τ'αυτα.
**) Aristotelisch: der höchste Gott ist unbeweglich, und be=
wegt doch; also des Unbeweglichen Bewegung, die von
ihm andern Wesen mitgetheilte.
***) νευρα, Flussas πλευρα mit Recht.
****) συραγγωσας, Flussas besser σηραγγωσαι.

alle genau abgemessen, und doch alle verschieden? Wer hat das alles gemacht? Welche Mutter, welcher Vater, als der unsichtbare Gott, der nach seinem Willen alles geschaffen hat? *)

Kein Mensch spricht, daß eine Bildsäule, oder ein Gemählde ohne Bildhauer oder Mahler entstanden sey; und dies Werk sollte ohne Werkmeister entstanden seyn? Welche Blindheit! Welche Gottlosigkeit! Welcher Unverstand! Nie, mein Sohn Tat, müssest du die Werke vom Meister trennen. **) Ja er ist noch weit erhabener; so groß der Name Gott, so groß ist auch der All=Vater. ***) Er ist wahrlich allein, und sein Werk, Vater seyn. ****) Oder, nöthigst du mich, mich noch kühner auszudrücken; so ist sein Wesen, alles hervorzubringen und zu schaffen. Und wie ohne einen Urheber nichts

ent=

---

*) Dieser Gründe bedienten sich auch die Stoiker, wie unter andern aus Cicero (de Nat. Deor. II, 18, 56.) erhellt. Bey andern allen wüßte ich nichts so ausführliches gefunden zu haben.

**) Ein, so viel ich weiß, vom Sokrates zuerst gebrauchtes, hernach auch von den Stoikern vorzüglich mit gebrauchtes Argument. (Xenophon. Mem. Socrat. I, 4.)

***) μαλλον δε και χρειττων εϛιν. οσος κατα θεου ονοματος, τοσουτος εϛιν ο παντων πατηρ. Dunkel genug; Ficin congruo Deum nomine praenuocato; davon sehe ich hier nichts. Fluſſas, quin immo praestantior eſt tantus; eo quod secundum Deum nomine; tantus eſt omnium pater. Eben so dunkel als der Text. Ich habe einen Sinn hinein gelegt, der dem Zusammenhang gemäß schien.

****) Er ist allein, weil er allein wahrhaftig existiert, alles übrige nur Schatten=Existenz hat. Was nicht unveränderlich und ewig ist, schien Plato, und vor ihm auch den ältern Eleatikern nicht wahrhaft zu existieren.

entstehen kann: so kann er auch nicht ewig seyn, wenn er nicht unaufhörlich alles im Himmel, auf Erden, in der Luft, in der Tiefe, in der ganzen Welt, an allem Orte des Universum, dem würklichen und nicht würklichen hervorbringt. *) Denn in diesem All ist nichts, das nicht Er ist; Er ist was ist, und nicht ist. Was ist, hat er ans Licht gebracht, und was nicht ist, ist in sich verschlossen. **)

Er ist erhabener, als der Name Gott, er ist der verborgene, er der offenbarste, der dem Verstande sichtbare, er auch den Augen sichtbar; er zugleich unkörperlich, und mit vielen Körpern bekleidet; oder vielmehr ist in keinem Körper etwas, das nicht Er ist; denn alles, was ist, ist Er. ***) Und darum hat er auch alle Namen, weil alles von einem Vater ist; eben darum hat er keinen Namen, weil er aller Vater ist.

Wer kann also dich zu sehr, oder nur deiner würdig preisen? Und wohin soll ich sehen, um dich zu preisen? Nach oben, unten, nach außen und innen? Um dich ist kein Wesen, noch Art, sondern alles in dir, alles von dir. Du giebst alles, ohne etwas zu nehmen, weil du alles hast, und nichts nicht hast. Und wann soll ich dich loben? Denn

D 2 von

---

*) Neu-Platonisch, aber aus Plato und Aristoteles entlehnt. Beyde glaubten, daß die Welt der ewigen Gottheit ewige Wirkung sey. - (Plotin. Ennead. II, I, 1.)

**) Dem Scheine nach widersprechend; allein vielleicht verstand der Verf. unter μη οντα das Mögliche, und dann wäre der Sinn: auch das noch blos Mögliche ist schon in seinen Ideen, und durch seine Kraft kann es würklich werden.

***) ουτος, flüssiger passender ὁ οὐτος.

von dir läßt sich keine Zeit noch Stunde denken. Und wofür soll ich dich loben? Für das, was du gethan, oder was du nicht gethan hast? Für das, was du ans Licht gebracht, oder was du verborgen hast? Und warum soll ich dich loben? Weil ich mein eigen bin? Weil ich etwas eigenes habe? Weil ich von dir verschieden bin? Du bist ja alles, was ich bin; du bist alles, was ich thue, du, alles, was ich sage, du alles; es ist nichts, das du nicht seyst. *) Du bist alles, was ist, du, was nicht ist. Ein denkender Geist, ein schaffender Vater, ein wirkender Gott, gut, und alles hervorbringend. Das Feinste der Materie ist Luft, das Feinste der Luft, Seele, das Feinste der Seele, Verstand, das Feinste des Verstandes, Gott. **)

Sechstes Hauptstück.

Hermes Trismegists Beweis, daß das Gute nur in Gott, und sonst nirgends ist.

Das Gute, mein Aeskulap, ist nirgends, als in Gott; oder richtiger, Gott selbst ist stets das Gute.

---

*) εςι Flussas nach dem Zusammenhange es.
**) Er scheint also, Gott noch vom Verstande zu unterscheiden. Nach welchem Systeme, weiß ich nicht, vielleicht ist es auch blos rednerische Figur, um Gottes Erhabenheit über alles zu zeigen. Ueberhaupt ist die ganze Periode weder orthodox, noch auch philosophisch richtig. Das Feinste der Materie ist Luft, denn Feuer und Aether werden nicht zur Materie gerechnet, wie die vorhergehenden Abhandlungen zeigen, nur Wasser und Erde. Verstand kann das Feinste der Seele nicht seyn, weil er sonst das Feinste der feinsten Luft seyn müßte.

Gute. Ist dies: so muß er aller Veränderung
und Entstehung Wesen seyn. Ohne dies Wesen
ist nichts, an sich hat es eine unveränderliche Wirksamkeit, die nichts bedarf, rein ist, *) und alles
reichlich hervorquellen läßt. Ueberall ist es Princip, **) denn was hervorbringt, ist gut; und daher sage ich auch, ***) daß es überall und stets
gut ist.

Dies kömmt keinem andern, außer Gott, zu. ****)
Er bedarf keines Dinges, daß er wünsche, es zu
besitzen, es schlecht besitze, und dadurch schlecht werde. *****) Er kann nichts verlieren, daß er durch
dessen Verlust traurig werde, denn Traurigkeit ist
ein Theil der Unvollkommenheit. ******) Auch ist
nichts mächtiger, als er, das ihm widerstreiten könnte; noch ihm gleich, das ihn beleidige; oder das er
eben deswegen lieben; nichts ihm ungehorsam, worauf er zürne; noch weiser, das er beneiden möchte.
Da nun von diesem allen nichts würklich ist, was
bleibt denn anders, als das Gute übrig?

Wie in diesem Wesen nichts Böses ist: so
kann in keinem andern das Gute gefunden werden.
Denn in allen ist alles übrige, den großen sowohl,

als

---

*) απεριτον, Flussas besser, απεριττον.

**) εν δε αρχη παντως, Flussas παντοτε, scheint
mir noch nicht hell genug, vielleicht αρχη δε παντοτε.

***) οταν λεγω παντως, Flussas παντοτε. Der
Zusammenhang scheint noch zu fordern οθεν.

****) εν ουδενι προσεςι. Vielleicht die Präposition
eingeschoben.

*****) κακος. Flussas κακως mit Recht.

******) αποβλητον. Flussas αποβλεπτον. Das erstere
scheint doch dem Zusammenhange gemäßer.

als kleinen, und den Individuen; vornemlich aber in dem allergrößten und mächtigsten Thiere, weil alles entstandene manchen Veränderungen unterworfen ist; denn das Entstehen selbst ist Leiden.*) Wo aber Leiden ist, da ist das Gute durchaus nicht; wo hingegen das Gute, da ist durchaus kein Leiden. Denn wo Tag ist, da ist keine Nacht, und wo Nacht, da kein Tag. Daher kann auch das Gute in keinem Entstandenen, sondern allein dem Ewigen seyn.

Wie aber der Materie an allem Theil gegeben ist, so auch am Guten.**) In so fern ist die Welt gut, als sie alles hervorbringt, weil sie als wirkend gut ist; in allem übrigen hingegen nicht gut; weil sie leidend, beweglich, und leidender Dinge Urheberin ist. Im Menschen ist das Böse mit dem Guten

*) Weder diese Sätze, noch des ganzen Schlusses Zusammenhang sind klar. Nicht die Sätze, denn was heißt: in allem, auch dem kleinsten ist alles? Alle Eigenschaften? Alle Substanzen? Darauf giengen doch diese Philosophen nicht aus, mit Anaxagoras zu behaupten: alles; das ist, Homöomerien oder Substanzen seyn in jedem Dinge auf Erden befindlich. Doch vielleicht dachte er mit Aristoteles, alles sey in allem, weil aus allem alles werden könne; wie oben schon der Satz behauptet wurde, daß in einem Elemente alle sich befinden. Das mächtigste Thier ist Zweifelsohne die Welt. Aber wie folgt hieraus des Verfassers Satz, daß alles, außer Gott, veränderlich ist? Er sagt es nicht, vielleicht weil ers selbst nicht deutlich dachte, und daher hat das Raisonnement keinen Zusammenhang. Doch liegt er darin; denn ist alles in allem: so ist alles veränderlich, nur das vollkommenste ewige Wesen ist alles actu, nichts in potentia, (ενεργεια, ου δυναμει.)

**) μετουσια παντων εςιν εν τη υλη δεδομενη, die Präposition sehr wahrscheinlich eingeschoben.

Guten vermischt, denn nicht sehr böse seyn ist hier gut seyn, und was hier gut ist, ist des Bösen kleinster Theil. — Unmöglich also kann hier das Gute ganz vom Bösen rein seyn, weil das Gute hier verschlimmert wird. Verschlimmert, bleibt es nicht mehr gut, und nicht mehr gut, wird es böse.

In Gott allein folglich ist das Gute, oder vielmehr Gott selbst ist das Gute. Unter den Menschen, mein Aeskulap, ist blos des Guten Name, nicht aber die Sache. Denn dies ist unmöglich, weil ein materieller, überall mit Unvollkommenheiten, Beschwerlichkeiten, Schmerzen, Begierden, Zorn, Betrug, unvernünftigen Meynungen gefesselter Körper es nicht fassen kann. Das schlimmste dabey ist, mein Aeskulap, daß jedes dieser genannten hier für das größte Gut gehalten wird; das allerhöchste Uebel, der Bauch=Dienst, die Quelle aller Uebel, alles Irrthumes, gehört hier zum Guten. *).

Ich aber danke meinem Gott, der mir dies vom Guten eingegeben hat, daß es unmöglich in der Welt wohnen kann. Die Welt ist voll vom Uebel, Gott aber vom Guten, oder das Gute von Gott. Der Güter vornehmste kommen dem Wesen dessen zu, der sie hervorbringt. **) Hier sind sie reiner

---

*) ἡ απουσια ενθαδε του αγαθου εςι, kontradiktorisch. Vielleicht ist απουσια eingeschoben, oder für ein ander Wort eingeschlichen.

**) αἱ γαρ εξοχαι των καλων περι αυτην εισι του την ουσιαν φαινονται. Flussas verbessert του καλου, — φαινοντος. Aber noch nicht hinlänglich, wie auch seine Uebersetzung lehrt. Zusammenhang und Sprachgebrauch verlangen εξοχαι του καλου, περι αυτην εισι την ουσιαν του φαινοντος.

reiner und unvermischter, vielleicht auch sein Wesen
selbst. Ich muß wagen, zu behaupten, mein Aes=
kulap, daß Gottes Substanz, wofern er anders
eine Substanz zum Subjekte hat, das Gute ist. *)
Das Gute und Vortrefliche läßt sich an kei=
nem Dinge in der Welt antreffen, denn alles dem
Auge Sichtbare ist nur Schattenbild; sie hingegen
sind nicht sichtbar. **) Und wie das Auge Gott
nicht sehen kann, so auch nicht das Gute und Vor=
trefliche. Denn sie sind ganz Theile-Gottes, ihm
allein eigen, und eigenthümlich, von ihm unzertrenn=
lich, höchst liebenswürdig, die entweder Gott selbst
liebt, oder sie Gott lieben. Kannst du Gott be=
greifen: so kannst du auch das Gute und Vortref=
liche, das höchst Glänzende, aber doch von Gott
an Glanz übertroffene. Dies ist die unvergleichba=
re

*) Nach Neu=Platonischen Subtilitäten; die aber aus
der alt=Eleatischen Schule entsprangen. Diese behaup=
teten, alles sey Eins, und waren deswegen, aus Man=
gel an genauerm Unterschiede des verschiedenen, genö=
thigt, diesem alle Prädikate abzusprechen. Aristoteles,
schon andere hattens vor ihm gethan, rückt ihnen die
ungereimten Folgerungen ihrer Behauptung vor. Und
daher fanden sich vor Aristoteles einige, die gar nichts
von irgend einem Subjekte wollten prädiciert wissen.
(Aristot. Phys. l. 2. sqq.) Diese Theorie des Eins erneu=
erten die Neu=Platoniker, und da sie Gott das Eins,
das höchste Geschlecht, nannten: so dürfen sie nun in
ihm nicht Substanz und Accidens unterscheiden, weil
sonst statt Eines, zwey Wesen da gewesen wären. Aus
diesem Grunde wagt der Verf. nicht zu sagen, ob Gott
eine Substanz hat.

**) τα δε μη υποπιπτοντα μαλιϛα δε ἢ τοῦ κα-
λου και του αγαθου. Hier fehlt wohl φυσις, oder
ουσια; allein der Zusatz ist überflüßig, weil eben dies
vorher gesagt ist. Vermuthlich also Einschiebsel.

re Schönheit, dies das unnachahmliche Gute, oder auch Gott selbst. Wie du also das Gute und Schöne denkst, so denke auch Gott. Sie lassen sich andern lebenden Wesen nicht mittheilen, *) weil sie von Gott unzertrennlich sind. Untersuchst du Gottes Natur; so untersuchst du auch die des Schönen. Nur einzig ist der dahin führende Weg, Frömmigkeit mit Anschauen.

Daher erkühnen sich, die den Weg der Frömmigkeit nicht gewandelt haben, die Unwissenden, den Menschen gut und schön zu nennen, der auch im Traume nicht einmal das Gute geschaut hat, sondern mit allem Uebel erfüllt ist; der das Böse für Gut hält, es so ohne Sättigung gebraucht, und dessen beraubt zu werden fürchtet; der alle Macht anwendet, nicht nur es zu besitzen, sondern auch noch zu vermehren. Das sind, mein Aeskulap, der Menschen Güter und Herrlichkeiten, die wir weder meiden, noch hassen können; denn das schlimmste ist, daß wir sie nöthig haben, und ohne sie nicht leben können. **)

D 5 Sieben-

*) τοις αλλοις των αλλων ζωων. Ohne Sinn, vermuthlich stand ehemals τοις αλλοις των ζωων.

**) Gerade so auch Plotin in folgenden Worten: Das Gute ist, wovon alles abhängt; wornach alles strebt; weil es von ihm seinen Anfang erhält, und seiner Nachsicht bedarf; es selbst bedarf nichts, ist sich selbst genug; begehrt nichts; das Maas aller Dinge, und bringt aus sich Verstand, Existenz, Seele und Leben hervor. Bis so weit ist es schön. — Das Uebel also ist nicht in dem wahrhaft Existierenden, sondern dem gewissermaßen nicht Existierenden, das ist, in der sichtbaren Welt, und den Modificationen materieller Wesen. (Plotin. Ennead. I, II, 2, 3.)

reiner und unvermischter, vielleicht auch sein Wesen selbst. Ich muß wagen, zu behaupten, mein Aeskulap, daß Gottes Substanz, wofern er anders eine Substanz zum Subjekte hat, das Gute ist.*)

Das Gute und Vortrefliche läßt sich an keinem Dinge in der Welt antreffen, denn alles dem Auge Sichtbare ist nur Schattenbild; sie hingegen sind nicht sichtbar. **) Und wie das Auge Gott nicht sehen kann, so auch nicht das Gute und Vortrefliche. Denn sie sind ganz Theile Gottes, ihm allein eigen, und eigenthümlich, von ihm unzertrennlich, höchst liebenswürdig, die entweder Gott selbst liebt, oder sie Gott lieben. Kannst du Gott begreifen: so kannst du auch das Gute und Vortrefliche, das höchst Glänzende, aber doch von Gott an Glanz übertroffene. Dies ist die unvergleichbare

---

*) Nach Neu=Platonischen Subtilitäten; die aber aus der alt=Eleatischen Schule entsprangen. Diese behaupteten, alles sey Eins, und waren deswegen, aus Mangel an genauerm Unterschiede des verschiedenen, genöthigt, diesem alle Prädikate abzusprechen. Aristoteles, schon andere hattens vor ihm gethan, rückt ihnen die ungereimten Folgerungen ihrer Behauptung vor. Und daher fanden sich vor Aristoteles einige, die gar nichts von irgend einem Subjekte wollten prädiciert wissen. (Aristot. Phys. l. 2. sqq.) Diese Theorie des Eins erneuerten die Neu=Platoniker, und da sie Gott das Eins, das höchste Geschlecht, nannten: so dürfen sie nun in ihm nicht Substanz und Accidens unterscheiden, weil sonst statt Eines, zwey Wesen da gewesen wären. Aus diesem Grunde wagt der Verf. nicht zu sagen, ob Gott eine Substanz hat.

**) $\tau\alpha$ δε μη υποπιπτονται μαλιϛα δε η του καλου και του αγαϑου. Hier fehlt wohl φυσις, oder ουσια; allein der Zusatz ist überflüßig, weil eben dies vorher gesagt ist. Vermuthlich also Einschiebsel.

re Schönheit, dies das unnachahmliche Gute, oder auch Gott selbst. Wie du also das Gute und Schöne denkst, so denke auch Gott. Sie lassen sich andern lebenden Wesen nicht mittheilen, *) weil sie von Gott unzertrennlich sind. Untersuchst du Gottes Natur; so untersuchst du auch die des Schönen. Nur einzig ist der dahin führende Weg, Frömmigkeit mit Anschauen.

Daher erkühnen sich, die den Weg der Frömmigkeit nicht gewandelt haben, die Unwissenden, den Menschen gut und schön zu nennen, der auch im Traume nicht einmal das Gute geschaut hat, sondern mit allem Uebel erfüllt ist; der das Böse für Gut hält, es so ohne Sättigung gebraucht, und dessen beraubt zu werden fürchtet; der alle Macht anwendet, nicht nur es zu besitzen, sondern auch noch zu vermehren. Das sind, mein Aeskulap, der Menschen Güter und Herrlichkeiten, die wir weder meiden, noch hassen können; denn das schlimmste ist, daß wir sie nöthig haben, und ohne sie nicht leben können. **)

D 5   Sieben-

---

*) τοῖς ἄλλοις τῶν ἄλλων ζώων. Ohne Sinn, vermuthlich stand ehemals τοῖς ἄλλοις τῶν ζώων.

**) Gerade so auch Plotin in folgenden Worten: Das Gute ist, wovon alles abhängt; wornach alles strebt, weil es von ihm seinen Anfang erhält, und seiner Nachsicht bedarf; es selbst bedarf nichts, ist sich selbst genug; begehrt nichts; das Maas aller Dinge, und bringt aus sich Verstand, Existenz, Seele und Leben hervor. Bis so weit ist es schön. — Das Uebel also ist nicht in dem wahrhaft Existierenden, sondern dem gewissermaßen nicht Existierenden, das ist, in der sichtbaren Welt, und den Modificationen materieller Wesen. (Plotin. Ennead. I, II, 2, 3.)

Siebentes Hauptstück.

Hermes Trismegists Rede, daß Gott nicht kennen das größte aller menschlichen Uebel ist.

Wo rennt ihr hin, ihr Menschen, trunken, weil ihr den reinen Trank der Unwissenheit ganz getrunken habt, den ihr nicht tragen könnt! Bald werdet ihr ihn wieder ausspeyen. Stehet still, werdet nüchtern, und schaut auf mit eures Geistes Augen. Und könnt ihr es nicht alle, so thut es doch, die ihr könnet. Der Unwissenheit Uebel überschwemmt die ganze Erde, und richtet auch die im Körper eingeschlossene Seele mit zu Grunde, weil sie sie in den Hafen des Heils nicht einlaufen läßt. Laßt euch also vom allgemeinen Strome nicht auch hinreissen. Die ihr nach entgegengesetzten Strömen den Hafen des Heils nicht erreichen können, sucht eine Leiter, die euch zu der Erkenntniß Thüren führe, wo das glänzende, von aller Finsterniß reine Licht wohnt, wo keiner trunken ist, alle nüchtern sind, im Geiste auf den schauend, der da will geschaut seyn. Er läßt sich nicht hören, nicht nennen, nicht mit Augen sehen, sondern nur mit dem Geiste und Verstande. Vorher aber mußt du das Kleid, das du trägst, den Rock der Unwissenheit, den Sitz des Bösen, das Band des Verderbens, die finstere Hülle, den lebendigen Tod, die sinnliche Leiche, das bewegliche Grab, den dir anklebenden Räuber, den der das haßt, wodurch er liebt, und beneidet, wodurch er haßt, zerreissen. *)

Dies

---

*) Bekanntlich fieng Plato, wahrscheinlich auch vor ihm, die Pythagoreer, an, gegen den Körper zu deklamiren,

"Dies ist das verhaßte Kleid, welches du trägst, es drückt dich nieder, damit du nicht aufschauest, der Wahrheit Schönheit sehest, und das schöne Kleid hassest, dadurch, daß du seine Nachstellung erkennst, durch die, es die so scheinenden und geglaubten Sinne unempfindlich gemacht hat, *) indem es sie mit vieler Materie verstopft, sie mit verhaßter Wollust angefüllt hat, damit du nicht hörest, was du hören mußt, noch sehest, was du sehen mußt. **)

Achtes Hauptstück.

Hermes Trismegists Rede, daß nichts vergeht; vielmehr die Menschen die Verwandlungen irrig Vernichtungen und Tod nennen.

Jetzt, mein Sohn, muß ich von Seele und Körper reden, wie die Seele unsterblich ist, und worinn der Zusammenhang und Trennung des Körpers besteht. Keins von ihnen trift der Tod; son-

---

und ihn als die größte Hinderniß aller wahren Weisheit zu betrachten. Dies faßten die Eklektiker begierig auf, und trieben es bis in die Gränze des Ungereimten. (Bruck. Hist. Crit. Phil. Tom. II. p. 459.)

*) Die so scheinenden und geglaubten Sinne; weil sie nemlich uns die äußern Gegenstände anders, als sie sind, als wahre, reelle, gute Wesen vorstellen, folglich ihren Endzweck nicht erfüllen.

**) τον δι' ων φιλει μισουντα, και δ'ων μισει φθονουντα. Dies wird wohl nur der Verf. selbst erklären können.

sondern er bedeutet das unsterbliche, *) oder ist ein
nicht vorhandenes Ding, oder er heißt auch, durch
Wegnehmung des ersten Buchstabens, statt ἀθάνα-
τος, θάνατος. Denn Tod gehört zur Vernichtung, nichts aber in der Welt wird vernichtet. Ist
die Welt der zweyte Gott, und ein unsterblich lebendes Wesen, **) so kann unmöglich ein Theil des
unsterblichen Thieres sterben. Nun aber ist alles
in der Welt Theil der Welt, vornemlich der Mensch,
das vernünftige Thier.

Vor allen andern ewig, und ohne Anfang ist
Gott aller Schöpfer. Nach ihm, der nach seinem
Bilde von ihm gezeugte, von ihm erhaltene, er-
nährte, unsterblich gemachte, weil der Vater ewig
ist, und als unsterblich, stets lebend. Denn das
stets lebende ist vom Ewigen verschieden. Dies ist
von keinem entstanden, oder wenn es ja entstanden ist, so ist es durch sich selbst nie entstanden,
sondern entsteht allezeit. Denn ewig ist, was ganz
ewig ist. ***) Nun aber ist der Vater selbst durch
sich selbst ewig; ****) die Welt hingegen durch den
Vater stets lebend und ewig geworden. *****) So

---

*) νοημα εστιν αθανατου προσηγοριας. Dunkel
genug; irre ich nicht, so will er sagen: Des Wortes
eigentliche Bedeutung ist Unsterblichkeit.

**) Dies alt-Platonisch; denn Plato nennt die Welt Got-
tes Sohn. Dieser Verf. nimmt also zwischen dem höchsten Gott und der Welt keine Mittel-Gottheiten an.

***) το γαρ αιδιον ου αιδιον, εστι το παν, nicht zu-
sammenhängend, ich vermuthe αιδιον γαρ, ου etc.

****) αυτος εαυτου αιδιος, hat keinen Sinn, vielleicht
fehlt ὑπ'.

*****) αιδιος, Stussas αειζωος, nach dem Zusammen-
hange die Welt-Seele, ist nach den neuern Platonikern

So viel Materie in ihm war, verkörperte und dehnte der Vater aus, *) und machte sie kugelrund, dadurch, daß er sie mit dieser Eigenschaft bekleidete, da sie an sich unvergänglich, und mit dem Wesen der Materie von Ewigkeit her ausgerüstet war. Außer den Ideen streute auch der Vater die Qualitäten in der Sphäre aus, und verschloß sie darin, wie in einer Höhle; weil er das Wesen nach ihm mit aller Qualität schmücken wollte. **) Mit Un=
sterb=

ein Ausfluß aus dem obersten Gotte durch den Verstand (λογος.) Hievon weicht dieser Verf. ab, er spricht, als ob die Welt aus Gott unmittelbar entsprungen wäre. Der Welt Entstehung aber ist von Ewigkeit her geschehen, folglich der Sohn dem Vater gleich ewig und Anfangslos. Sie währt auch in alle Ewigkeit, folglich entsteht der Sohn stets, ohne je entstanden zu seyn. (Plotin. Ennead. II, I, 1. sqq.) Hierin also nähert er sich dem Alt=Platonischen Systeme, welches gleichfalls Ewigkeit der Welt behauptete.

*) ὁσον ην της ὑλης ἀποκειμενον τω ἑαυτου, giebt keinen Sinn, vermuthlich εν ἑαυτω. Nach den Eklektikern ist die Materie kein wahres ens, kann also auch nur durch verneinende Bestimmungen definirt werden. Ihre Eigenschaften bekömmt sie von Gott unmittelbar; er also ists, der sie verkörpert. Sie ist daher auch in ihm, weil sie nur durch ihre Eigenschaften eigentlich existiert, und diese aus Gott erhält. Die Materie, spricht Plotin, ist nichts in Würklichkeit, aber alles in Möglichkeit. (Ennead. II, V, 5.) Die Qualitäten hingegen sind substantielle Wesen, und wenn diese der Materie eingegossen werden, so wird sie dadurch Körper, und bekommt ihre bestimmten Eigenschaften. Diese Qualitäten aber, Wesen, (λογοι) sind geistiger Natur, und Gottes Ausflüsse. (Ennead. II, VII, 3.

**) πλεον δε των ιδεων, τα ποια ὁ πατηρ εγκατασπειρας etc. Eine unzusammenhängende, alles Sinnes beraubte Stelle! Wie wenn man so läse?

sterblichkeit bekleidete er den ganzen Körper, damit nicht die Materie sich von der Verbindung mit der Qualität trennen, und in ihre eigene Unordnung zurückfallen möchte. *) Denn als die Materie un= körperlich war, mein Sohn, da war sie unordent= lich. **)

Auch so aber enthält sie noch eine sich um die übrigen kleinen Eigenschaften schlingende Unordnung,

Wachs=

πλην δε των ιδεων, τα ποια δ πατηρ εγκα-τασπειρας τη σφαιρα, ώσπερ εν αντρω κατε-κλεισε παση ποιοτητι κοσμησαι etc. Er unter= scheidet hier Qualitäten von Ideen. So auch Cicero; welcher Qualitäten, die aus der göttlichen Kraft, und der rohen Materie geformten Körper nennt. Sie (die ersten Akademiker und Peripatetiker) glaubten zwey We= sen, ein wirkendes und ein leidendes; jenes besäße Kraft, dies wäre Materie, das aus beyden zusammengesetzte sey Qualität und Körper. — Die Qualitäten unter= scheiden sie in erste und abgeleitete, zu jenen gehören die vier Elemente, zu diesen die aus den Elementen zusam= mengesetzte Wesen. — Ideen hingegen sind die un= veränderlichen in der Gottheit, und durch sie in den Menschenseelen wohnenden Formen. (Cic. Ac. Qu. I, 6 — 8.) Qualitäten also sind in der todten Materie, Ideen aber in den Menschenseelen, und durch sie in der Materie, weil Menschenseelen mit Materie umhüllt sind.

*) ινα μη υλη και της. Nicht ganz richtig, vermuthlich ινα μη η υλη της etc.

**) Als die Materie unkörperlich, das ist hier, ungeformt war. Denn nur durch Zusatz der Formen wird sie Qualität, mithin Körper gewisser Art. Der Stobenser führt eine Stelle, ungewiß aus wem, an, worin aus= drücklich gesagt wird, die Materie sey nicht Körper (ου σωμα); aber Körper ähnlich (σωματοειδη), und dies aus dem berührten Grunde dargethan wird. (Eclog. Phys. I, 14. p. 29.)

Wachsthum nemlich und Abnahme, welche die Menschen Tod nennen. Diese Unordnung betrift nur die irrdischen Thiere, weil die Körper der himm=lischen eine einzige Ordnung haben, die sie gleich anfangs vom Vater erhalten haben. Diese beob=achten sie, jedes durch seine eigene Rückkehr in seinen vorigen Zustand, unauflöslich. Der irrdischen Thie=re Einrichtung hingegen, das ist, ihre Trennung, geht in die unauflöslichen, das ist, unsterblichen Körper zurück. *) Und so entsteht Beraubung der Empfindung, allein kein Körper wird dennoch ver=nichtet.

Das dritte Thier aber, der Mensch, der nach der Welt Bild gemacht wird, der durch des Vaters Willen Verstand vor allen übrigen Thieren besitzt, der nicht allein mit dem zweyten Gotte verwandt ist, sondern auch Begriffe von dem ersten hat; jenen empfindet er, weil er körperlich ist, diesen aber er=kennt er, weil er unkörperlich, Verstand, und das Gute ist. **) Dies Thier, vergeht es nicht? — Nicht so, mein Sohn, bedenke, was Gott, was die Welt, was ein unsterbliches Thier, was ein zer=störbares Thier ist. Bedenke, daß die Welt von Gott, und in Gott; daß der Mensch von der Welt, und

---

*) ἡ δε αποκαταςασις των, soll wohl heissen της των.

**) και νου του αγαθου, unverständlich: besser wohl νου και αγαθου. Unsere Seele ist mit Gott verwandt, und nach der Welt-Seele Bild gemacht; denn alle Men=schen-Seelen sind Ausflüsse der Welt-Seele, folglich in den wesentlichen Beschaffenheiten ihr ähnlich. Eine al=te, von den Neu-Platonikern aber mit einem Haufen Nonsense ausgeschmückte Lehre, (Plotin. Ennead. IV, II, III. sqq.)

und in der Welt; daß Gott aller Dinge Princip, alles einschließend, und alles einrichtend ist. *)

Neuntes Hauptstück.

Hermes Trismegists Rede über Denken und Empfinden, und daß nur in Gott Schönheit und Güte, sonst aber nirgends sind.

Gestern, mein Aeskulap, habe ich dir die vollkommene Rede gehalten, jetzt halte ich für nöthig, hierauf auch von der Empfindung zu reden. Empfindung und Denken scheinen darin verschieden, **) daß jene materiell, dies aber nicht materiell ist. ***) Mir scheinen beyde vereinigt, und nicht getrennt, in den Menschen nemlich. ****) Bey andern Thieren ist Empfindung mit ihrem Wesen verknüpft, beym Menschen aber das Denken. Vom Denken ist Verstand eben so unterschieden, wie von der Gottheit Gott. Denn die
Gott-

---

*) Die Welt ist in Gott nach dem Systeme, sowohl Plato's, als der Neu-Platoniker und Kabbalisten, weil der Kreis des höchsten Wesen die Welt in sich schließt. So dachten auch alle Philosophen, die eine von der Materie verschiedene Gottheit glaubten.

**) κινησις, Flussas νοησις, wie billig.

***) ουσιωδης, hier vermöge des Gegensatzes immateriell. Ουσια nemlich bezeichnet, vornemlich den Platonikern, das wahrhaft Existierende, im Gegensatze der materiellen Schattenwesen.

****) εν ανθρωποις λογω, Flussas λεγω, nach dem Zusammenhange.

Gottheit entsteht durch Gott, und das Denken durch den Verstand; es ist mit der Vernunft verschwistert, und beyde sind eins, des andern Werkzeug, weil Vernunft nicht ohne Denken, und Denken nicht ohne Vernunft wirkt. *) Empfindung folglich und Denken werden dem Menschen zugleich, gleichsam in einander geschlungen, mitgetheilt. Ohne Empfindung kann kein Denken, und ohne Denken keine Empfindung seyn. **)

Zwar läßt sich das Denken ohne Empfinden vorstellen, wie diejenigen, welche sich im Traume zu sehen einbilden; ich glaube aber, beyde Kräfte haben im Traume zusammen gewirkt. ***) Beym Wachen ist die Empfindung zwischen Körper und Seele vertheilt, und stimmen beyde Theile mit einander überein: so entsteht das durch den Verstand erzeugte Denken. ****) Denn der Verstand erzeugt alle Gedanken, gute, wenn er von Gott den Saamen empfängt; böse aber, wenn von einem der

Hermes Trismegist. E Damö-

*) λογος ist hier λογος προφορικος das ist die Sprache. Der Sinn also: Sprache ist des Verstandes Werkzeug, ohne Sprache kein Verstand, und ohne Worte auch keine Gedanken.

**) δυναται, Fluffas δυνατον, nach dem Zusammenhange. Der Satz aristotelisch, alle unsere Begriffe kommen aus Empfindung. Ein Beweis, wie unüberlegt diese Leute alles aufnehmen! Die Folge zeigt, daß er der Seelen Präexistenz und Gottes unmittelbaren Einfluß auf sie glaubte: dieser Platonischen Lehre aber widerspricht diese Behauptung geradezu.

***) Er will den Einwurf beantworten, daß im Traume Denkkraft allein wirkt. Empfindung, sagt er, kommt im Wachen sowohl dem Körper, als der Seele zu; im Traume ist nur der Seele empfindender Theil wirksam.

****) εκφαινεσθαι, wohl wieder εκφαινεσθαι.

Dämonen; weil kein Theil der Welt von Dämonen leer ist, denn Dämonen sind von Gott getrennt. *) Ein solcher schleicht sich ein, säet seiner eigenen Kraft Saamen, und das Gesäete läßt der Verstand aufgehen, Ehebruch nemlich, Mord, Vatermord, Kirchenraub, Gottlosigkeit, Erhängen, Halsbrechen, und andern dergleichen Werke der Dämonen. **)

Gottes Saamen sind zwar wenig, aber groß und schön und gut; Tugend nemlich, Mäßigkeit und Gottesfurcht. Gottesfurcht ist Gottes Erkenntniß; wer ihn erkannt, hat, mit allem Guten erfüllt, göttliche Gedanken, nicht denen des großen Haufens ähnlich. Daher gefallen, die in der Erkenntniß sind, dem großen Haufen nicht, sie scheinen ihm wahnsinnig, lächerlich, werden gehaßt, verachtet, auch wohl erschlagen. Dem daß Laster hier, als an seinem Platze, wohnen muß, habe ich gesagt Sein Platz ist die Erde, nicht die Welt, wie wohl einige gotteslästerlich behaupten. ***) Der Gottesfürchtige

---

*) $\tau\omega\ \upsilon\pi o\ \tau o\upsilon\ \vartheta\varepsilon o\upsilon\ \pi\varepsilon\varphi\omega\tau\iota\sigma\mu\varepsilon\nu\omega\ \delta\alpha\iota\mu o\nu\iota$. Gegen die Grammatik; und dann ist der Dämon von Gott erleuchtet, wie kann er böse Gedanken eingeben? Ich vermuthe $\tau\omega\ \alpha\pi o\ \tau o\upsilon\ \vartheta\varepsilon o\upsilon\ \kappa\varepsilon\chi\omega\rho\iota\sigma\vartheta\eta\nu\alpha\iota\ \delta\alpha\iota\mu o\nu\alpha$.

**) Dies, so viel ich weiß, nicht Plotinisch, wohl aber Jamblichisch. Nach ihm giebt es böse Geister, oder Dämonen, durch deren Eingebung die Menschen mit bösen Gedanken und Lastern erfüllt werden. (Bruck. Hist. Crit. Phil. Tom. II. p. 448.) Er scheint hier, alle Dämonen böse anzunehmen, gegen Jamblich. Doch der Text ist hier so unrichtig, daß man nicht versichern kann, ob nicht die nähere Bestimmung ausgefallen ist. Die bösen Dämonen, sagt Jamblich, lügen und betrügen in den Orakeln, sie rathen und treiben uns zu schändlichen Handlungen an. (de Myst. Aegypt. p. 105.)

***) Eine bey den Alten fast allgemeine Behauptung; über dem Monde ist alles unveränderlich, rein, göttlich; auf

tige erbulbet im Gefühl seiner Kenntniß, alles, denn
ihm ist alles, auch des andern Böse, gut. Wird
ihm nachgestellt, so nimmt er stets auf sein Erkennen Rücksicht, und er allein verwandelt Böses in
Gutes.

Doch ich kehre wieder zur Betrachtung der
Empfindung zurück. Dem Menschen ist es eigen,
daß Empfindung und Denken verknüpft sind; *)
aber doch hat nicht jeder Mensch, wie schon gesagt,
am Denken Antheil; einige nemlich sind materiell,
andere geistig. Die im Laster materiellen bekommen, wie gesagt, von den Dämonen ihrer Gedanken Saamen. Die hingegen im Guten geistigen
werden von Gott errettet. **) Denn Gott, der
allgemeine Schöpfer, macht im Schaffen alles sich
selbst ähnlich. Ob es aber gleich gut entstanden ist,
so wird es doch im Gebrauche seiner Kräfte un-
fruchtbar. ***) Denn die Bewegung in der Welt
verringert das Entstandene, und modificiert es, indem sie einiges mit Fehler befleckt, anderes aber
des Guten beraubt. ****)

E 2 Die

Erben aber grobe, veränderliche Materie, des Uebels
Wohnsitz.

*) ανθρωπινον ουν το κοινωνησαι ανθρωπω αισθη-
σιν νοησει, hat keinen Sinn, streicht man ανθρωπω
weg, so wird Licht.

**) αι δε μετα του αγαθου ουσιωδως — σωζο-
μενοι. Gleichfalls ohne Verbindung, vermuthlich οι —
ουσιωδεις — σωζονται.

***) αφορα sagt nichts, Ficin sterilis, er las also αφορα,
dies läßt sich verstehen.

****) Deutlicher, was Plotin nach seiner Art in dunkle Ab-
straktion hüllt. Das ungeordnete, verwirrte, unbestimmte Wesen, mit einem Worte, die Materie, ist des Ue-

Die Welt, mein Aeskulap, hat eine eigene Empfindung, und ein eigenes Denken, *) dem menschlichen unähnlich, nicht so mannigfaltig, sondern besser und einfacher. Der Welt Empfinden und Denken ist Eins, dadurch, daß sie alles hervorbringt, und in sich selbst wieder auflöst; es ist ein Werkzeug des göttlichen Willens, deswegen zum Werkzeuge gemacht, damit sie alle Saamen durch Gott aus sich selbst hernähme, in sich aufbewahrte, alles ans Licht brächte, und auflösend verjüngte. Was hiedurch aufgelöst ist, dem giebt sie, gleich einem guten Ackersmann, des Lebens, in der Zerstöhrung Verjüngerung, durch ihre Bewegung. Nichts ist, das sie nicht belebt, durch Bewegung macht sie alles lebendig, sie ist zugleich Ort und Urheberin des Lebens. **)

Die Körper hingegen sind aus verschiedener Materie; einige aus Erde, andere aus Wasser, andere aus Luft, noch andere aus Feuer. Alle aber zusammengesetzt, einige mehr, andere weniger; mehr, die schwereren; weniger, die leichtern. Die Schnelligkeit der Weltbewegung erzeugt der Körper Mannichfaltigkeiten. Ein mächtiger Hauch giebt

den

bels Sitz. Dies ist immer dürftig, hungrig, mangelhaft, folglich des Uebels Quelle. (Ennead. I, II, 3.) Daß fast alle alte Philosophen das Uebel allein aus dem ewigen Materien-Wesen zu erklären suchten, ist bekannt.

*) κινησιν, Flussas νοησιν mit Recht.

**) Die Welt nemlich, nebst allen Gestirnen, ist beseelt, sie hat eine gemeinschaftliche, jedes Gestirn seine eigene Seele. So lehrten alle Philosophen Griechenlandes; die die Welt-Entstehung nicht einem bloßen Ungefehr, oder einer todten Nothwendigkeit zuschrieben.

den Körpern ihre Beschaffenheiten, nebst ihrem Complemente, dem Leben. *)

Der Welt Vater also ist Gott; der Dinge in der Welt, die Welt; die Welt ist Gottes Sohn, was in der Welt ist, von der Welt gezeugt. Mit Recht heißt sie κοσμος, denn sie schmückt alles durch der Hervorbringung Mannigfaltigkeit, durch ununterbrochenes Leben, durch unermüdete Wirksamkeit, durch schnelle Nothwendigkeit, durch Verbindung der Elemente, **) und durch Ordnung in den Entstehungen. Nothwendig also und eigentlich heißt sie Welt. Aller Thiere Empfindung und Denken kommt von außen hinein; sie hauchen sie von dem sie umschließenden Wesen ein; die Welt hat sie einmal bey ihrer Entstehung von Gott empfangen. ***)

Gott aber ist nicht nach einiger Meynung ohne Empfindung und Denken, denn aus Aberglauben begehen sie Gotteslästerung. Alles, was ist, mein Aeskulap, ist in Gott, entsteht durch Gott, und hängt von ihm ab, es sey nun, daß es körperlich wirkt, oder durch Seelen=Natur bewegt, oder

durch

*) πνοη, er versteht wohl den oben genannten λογον πνευματικον, das ist die durch Gottes Kraft beseelte Luft, oder Welt=Seele, welche alle Körper bildet. Doch denkt er darin mehr alt=Platonisch, daß er die Welt Gottes Sohn gleich unten nennt, also nicht mit jenem Verfasser eine andere Person der Gottheit vor der Welt und von ihr verschieden annimmt.

**) συσκιασει, Fluffas συξασει bequemer.

***) Der Alten gewöhnliche Meynung; auch die Stoiker lehrten, durch Einathmen würden erst die Thiere lebend, indem sie aus der umgebenden belebenden Luft Leben einhauchten.

durch Geistes-Wesen belebt, oder auch das Ermüdete aufnimmt. Und dies mit Recht. Doch sage ich lieber, nicht daß Gott alles hat, *) sondern nach der Wahrheit, daß er alles ist. Nicht weil er es von außen bekömmt, sondern es außer sich darstellt. Und dies ist Gottes Empfindung und Denken, daß er stets alles bewegt, und daß nie eine Zeit seyn wird, wo etwas vergeht; von dem was ist, das ist von Gott. Denn Gott hat alles, was ist, nichts ist außer ihm, noch Er außer einem andern.

Dies wird dir, mein Aeskulap, bey der Einsicht wahr, bey dem Mangel an Kenntniß aber unglaublich vorkommen. Denn denken heißt glauben, nicht glauben auch nicht denken. Meine Rede reicht bis an die Wahrheit; der Verstand ist groß und von der Vernunft bis auf einen gewissen Punkt geleitet, kann er die Wahrheit selbst erreichen. **) Ueberdenkt er nun alles, findet er es mit dem von der Vernunft ihm offenbarten übereinstimmend: so glaubt er es, und beruhigt sich bey dem schönen Glauben. Welche also das von Gott gesagte ***) denken, die glauben es; welche es nicht denken, glauben es nicht. Dies, und so viel sey vom Denken und Empfinden genug. ****)

Zehn-

*) λεγω οτι ουκ αυτος αυτα εχει, passender wohl ουχ οτι αυτος etc.

**) Vernunft (λογος) bedeutet hier, wie die Folge lehrt, göttliche Erleuchtung, oder übernatürliche Vernunft; νους hingegen natürlichen Verstand.

***) υπο, flussas επι, unnöthig; denn auch υπο wird so gebraucht.

****) Was hier vom Glauben gesagt wird, ist aus keiner Philosophen-wohl aber Christen-Schule.

Zehntes Hauptstück.

Hermes Trismegists Schlüssel.

Verhältniß Gottes zur Welt; Natur der menschlichen Seele.

Die gestrige Rede habe ich an dich, mein Aeskulap, gerichtet. Die heutige muß ich billig an den Tat richten, weil sie ein kurzer Innbegrif der einzelnen an ihn gehaltenen Reden ist.

Gott, und der Vater, und das Gute, mein Tat, sind einerley Wesens, oder vielmehr ein Wesen. Jene Benennung geht auf Natur und Wachsthum, als welche sich in veränderlichen, beweglichen, und unbeweglichen, das ist, göttlichen und menschlichen Dingen, finden, wozu auch Gott gehört. An andern Orten aber habe ich gelehrt, was die Existenz ist, wie man sie sich bey göttlichen und menschlichen Dingen vorstellen muß. *)

Seine Kraft ist Wollen, und sein Wesen, daß er allem Daseyn geben will. Denn was ist Gott, Vater, und das Gute anders, als existieren, wenn nichts sonst mehr existiert, als der Dinge Daseyn selbst. **) Dies ist Gott, dies der Vater, dies das Gute, das keines andern bedarf. ***) Die Welt

---

*) Eine verworrene Stelle, deren Sinn ich nicht heraus bringen kann. Es ist davon in diesen Schriften nichts; also verloren: überhaupt bedürfte dieser Schlüssel eines neuen.

**) Auch hier finde ich nichts erträgliches zu denken, dazu hat der Text keine rechte Verbindung.

***) ὡ μηδεν προσεςι των αλλων. Fluffas cū reliquorum nihil additur. Ficin applicatur. Ersteres richtiger:

Welt und die Sonne sind durch Mittheilung auch Vater; aber doch nicht auf gleiche Weise Ursache des Guten der Thiere, noch des Lebens. Wenn dies: so wird sie von dem Willen des Guten gezwungen, ohne den nichts seyn und entstehen kann. Der Vater ist Ursache seiner Kinder, sowohl der Hervorbringung, als auch der Ernährung nach; weil er die Begierde nach dem Guten durch die Sonne empfangen hat. Denn das Gute ist das Wirksame, dies aber kann keinem, außer dem, der nichts empfängt, und allen Daseyn geben will, zukommen. Ich sage nicht, mein Tat, dem Wirkenden, denn der Wirkende ist mangelhaft in Ansehung der Zeit,*) darin, daß er bald wirkt, bald nicht wirkt, auch in Ansehung der Qualität und Quantität, denn bald bringt er Dinge mit Qualitäten und Quantitäten hervor; bald aber entgegengesetzte. **) Gott hingegen der Vater, und das Gute, besteht darin, daß sie alles sind. So zeiget sich dies beim, der es sehen kann, dies will es seyn, dies ist es, vorzüglich aber ihm selbst. Alles übrige ist durch ihn: des Guten Eigenschaft, mein Tat, ist, daß das Gute erkannt werde.

Du hast uns, o Vater, mit dem guten und schönsten Schauspiele gesättigt, beynahe wäre mein Verstandes=Auge von einem solchen Anblicke erstarrt.

---

die Folge scheint zu wollen, daß es hier für bedürfen steht.

*) εμπικης εςι πολλω χρονω, dies hat mit dem folgenden keinen Zusammenhang; ich vermuthe τω χρονω.

**) και ποιοτητος και ποσοτητος, gleichfalls ohne Zusammenhang, wie wenn ποιοτητι και ποσοτητι?

ſtarrt. *) Nicht, wie der feurige Sonnenſtrahl
glänzt, und die Augen verſchließen macht, iſt das
Anſchauen des Guten. Vielmehr glänzt es, aber nur
ſo ſtark, als derjenige zu ertragen vermag, der des intellektuellen Glanzes Einſtrömen aufnimmt. **) Er
iſt zu ſtark, als daß man ihn ganz faſſen könnte; aber
doch unſchädlich und der Unſterblichkeit voll. ***) —
Die etwas mehr vom Anſchauen ſchöpfen kön-
nen, werden oft durch den Körper eingeſchläfert ****)
zum ſchönſten Anblicke, wie Uranus und Saturn
unſern Vorfahren, begegnet iſt. — *****) Möch-
ten auch wir es, mein Vater — Freylich möch-
ten wir, mein Sohn; jetzt aber ſind wir zu dieſem
Anblick zu ſchwach, und folglich können wir unſers
Verſtandes Augen nicht aufthun, und jene unſterb-
liche, unbegreifliche Schönheit des Guten ſchauen.
Alsdann wirſt du es ſchauen, wenn du nichts davon
ſagen kannſt, denn ſeine Erkenntniß und ſein Anſchauen iſt Stillſchweigen und Einſchläferung aller
Sinne. Nichts anders kann der denken, der dies
denkt, nichts anders ſehen, der dies ſieht, von

E 5   nichts

*) εσεβαϑη ὁ του νου οφϑαλμος. Fluidus, ſanctior
effectus eſt oculus. Ficin expiatus eſt. Beyde nicht paſ-
ſend, σεβαζεϑαι heißt auch obstupescere.

**) εφ ὁσον δυναται ὁ δυναμενος δεξαϑαι, das
letztere überflüßig, vielleicht ὁ δεχομενος.

***) αναπλεως ην, es hängt mit εστι zuſammen, alſo
ην entbehrlich.

****) πολλακις δε, das letztere überflüßig.

*****) ὁσπερ ουρανος, wahrſcheinlich ωσπερ. Anſpie-
lung auf alte Fabeln, die die neuern Platoniker ihrem
Syſteme gemäß zu erklären ſuchten. Den Sinn ſehe
ich, aus Mangel an beſtimmten Nachrichten, nicht.

nichts anders hören, *) noch überhaupt den Körper
bewegen, weil alle seine körperlichen Sinne und Bewegungen zurück gehalten werden, und er ruht. Durch
Umleuchtung des ganzen Verstandes und der ganzen Seele glänzt es, und zieht sie durch den Körper
hinauf, und verwandelt den Menschen ganz in Geist.
Denn unmöglich kann eine Seele im menschlichen
Körper göttlich werden, daß sie durch Anschauen der
Schönheit des Guten sich mit Gott vereine. —

Wie verstehst du das, mein Vater? — Jede
Seele, mein Sohn, wird vertheilt. — Aber durch
welche Veränderungen? — **) Hast du nicht in
den einzelnen Reden gehört, daß von der einzigen
Welt-Seele alle Seelen entspringen, die in der ganzen Welt herum wallen, gleichsam in verschiedene
Regionen vertheilt? Diese Seelen nun sind manchen
Veränderungen unterworfen; einige zu höherm
Glücke, andere zum Gegentheil. Die kriechenden
verwandeln sich in Wasser-Thiere; die der Wasser-
Thiere in Land-Thiere; die der Land-Thiere in
fliegende; die lüftigen in Menschen; die menschlichen, welche Theil an der Unsterblichkeit haben, in
Dämonen; diese gelangen zum Chor der unbeweg-
lichen Götter.

Es giebt nemlich zween Götter-Chöre, einer
der unbeweglichen, der andere der beweglichen. ***)
Dies

---

*) $\vartheta\varepsilon\alpha$, Fluffas $\vartheta\varepsilon\alpha$; $\alpha\nu\vartheta\rho\omega\pi\text{ου}$, Fluffas $\alpha\lambda\lambda\text{ου}$, dem Sinne gemäß.

**) $\pi\alpha\sigma\eta\varsigma\ \psi\upsilon\chi\eta\varsigma\ \delta\iota\alpha\iota\rho\varepsilon\tau\eta\varsigma.\ -\ \mu\varepsilon\tau\alpha\beta\text{ολ}\alpha\iota\ \delta\varepsilon\ \pi\omega\varsigma\ \pi\alpha\lambda\iota\nu\ \delta\iota\alpha\iota\rho\varepsilon\tau\eta\varsigma.$ Ohne allen Zusammenhang. Ich vermuthe $\pi\alpha\sigma\alpha\ \varphi\upsilon\chi\eta\ \delta\iota\alpha\iota\rho\varepsilon\iota\tau\alpha\iota.\ \mu\varepsilon\tau\alpha\beta\text{ολ}\alpha\iota\varsigma\ \delta\varepsilon\ \tau\iota\sigma\iota\ \pi\omega\varsigma\ \pi\alpha\sigma\alpha\ \delta\iota\alpha\iota\rho\varepsilon\iota\tau\alpha\iota;$

***) Erstere die Firsterne, letztere die Planeten, die Namen $\pi\lambda\alpha\nu\omega\mu\varepsilon\nu\text{οι}$ und $\alpha\pi\lambda\alpha\nu\varepsilon\iota\varsigma$, zeigen dies hinlänglich.

75

Dies ist der Seele höchste Ehre. Wenn eine Seele in einem menschlichen Körper angelangt, böse bleibt, so schmeckt sie die Unsterblichkeit nicht, und wird des Guten nicht theilhaftig; sie geht vielmehr rückwärts *) zu den kriechenden Thieren. Dies ist der bösen Seele Bestrafung.

Der Seele Fehler aber besteht in Unwissenheit. Eine Seele, die von den Dingen und ihrer Natur nichts erkannt hat, wird blind von körperlichen Eindrücken herum getrieben. **) Die unglückliche, sich selbst unbekannte, dient monströsen und schlechten Körpern; sie trägt den Körper wie eine Last, herrscht nicht, sondern wird beherrscht. Dies ist der Seele Fehler. Tugend der Seele hingegen ist Erkenntniß; denn wer Erkenntniß hat, ist gut, fromm, und schon göttlich.

Und wer ist denn ein solcher, mein Vater, der weder viel plaudert, noch viel hört; denn wer mit Schwatzen und Geschwätzhören seine Zeit zubringt, mein Sohn, der verdirbt sie. Gott, der Vater, und das Gute, wird weder gesprochen, noch gehört.

Da sich nun dies so verhält: so sind Empfindungen in allen Dingen, weil sie ohne das Gute nicht

───────────

Von der Seelenwanderung spricht Plotin so: die sich an Musik ergötzt haben, werden musikalische Thiere, die ohne Vernunft regiert haben, Adler. Von der Erhöhung spricht er nicht, wohl aber Jamblich, als welcher behauptet, die guten würden Dämonen, Engel u. s. w. (Plotin. Ennead. III, IV, 2. Bruck. Hist. Crit. Phil. Tom. II. p. 440.)

*) παλιουρος, der Stobenser παλισσυτος richtig. (Eclog. Phys. I. p. 128.) Einige nicht erhebliche Verschiedenheiten übergehe ich.

**) εντινασσει τοις παθεσι, sicher ευτινασσεται.

nicht seyn können. *) Erkenntniß aber ist von
Empfindung sehr verschieden. Empfindung kommt
dem unvollkommenern zu, **) Erkenntniß aber ist
der Wissenschaft höchster Grad, und Wissenschaft
Gottes Geschenk. ***) Denn alle Wissenschaft ist
unkörperlich, ihr Werkzeug ist der Verstand selbst;
des Verstandes aber der Körper. Beyde also kom=
men intellektuellen und materiellen Körpern zu, weil
alles aus Gegensätzen und entgegenstehenden Dingen
bestehen muß. Und zwar kann dies nicht anders
seyn. ****)

 Wer ist denn nun dieser materielle Gott? —
Die schöne Welt, die aber nicht gut ist, denn sie ist
materiell, und leicht Veränderungen unterworfen.
Sie ist unter allen veränderlichen Wesen das erste,
aber unter den Dingen selbst das andere, und an
sich mangelhaft; sie ist zwar einmal entstanden, aber
doch stets existierend, und zwar entstehend, und
stets werdend. Sie entsteht aus Qualitäten und
             Quan=

---

*) μη δυναςθαι ειναι χωρις αυτου, besser αυτων,
 wenn es nicht etwan auf αγαθου gehen soll.

**) αισθησις γινεται του επικρατουντος, dabey
 wüßte ich nichts zu denken, auch sagt er gleich hernach,
 der Körper sey des Verstandes Organ; folglich hat er
 wohl geschrieben επικρατουμενου.

***) γνωσις, göttliches Anschauen, also Offenbarung.

****) σωματα νοητα τε και τα υλικα. Nach der
 Alten Sprache eine Widerspruch; denn Körper ist den
 Alten, was aus Materie besteht. Er versteht darunter
 wahrscheinlich die intellektuellen Körper-Formen in der
 Ideen-Welt.

77

Quantitäten, weil sie veränderlich ist; denn alle
materielle Veränderung ist Entstehung. *)
Die intellektuelle Ruhe aber bewegt die materielle Bewegung so. **) weil die Welt eine Kugel ist:
so ist sie auch Kopf. Oberhalb des Kopfes aber ist
nichts materielles, so wie unter den Füssen nichts
intellektuelles, sondern lauter materielles. Der Verstand nun ist der Kopf, und bewegt im Kreise, das
ist der Natur des Kopfes gemäß. Was folglich
mit der Membran dieses Hauptes vermenget ist,
worin die Seele wohnt, das ist unsterblich; denn
der Körper ist gleichsam in der Seele gebildet, und
die Seele mit dem Körper angefüllt. ***) Was
aber fern von dieser Membran ist, da, wo die Wesen wohnen, welche mehr Körper als Seele haben,
das ist sterblich. ****) Nun ist das Universum
ein

*) Die Welt ist das andere Wesen, also unmittelbar nach
dem höchsten Gotte, also hier alt-Platonische Lehre.
Sie ist zwar entstanden, aber doch ewig, denn sie ist
von Ewigkeit her von Gott ausgeflossen.

**) Die intellektuelle Ruhe, das ist, der höchste nicht be-
wegte, unbewegliche Gott. Aristotelisch.

***) ωσπερ εν ψυχη de hat keinen Zusammenhang; ich
halte es für Beweis des vorhergehenden, folglich stand
wohl ehemals γαρ. Auch Plotin lehrt, daß nicht die
Seele im Körper, sondern der Körper in der Seele ist.
(Ennead. IV, III, 20.)

****) τα δε πορρω του ὑμενος, εν ὡ το πλεον
εχοντα της ψυχης το σωμα. Hier ist gar kein
Sinn; der Verbindung nach erwartet man, daß er
Grund angeben wird, warum das von der Membran
entfernte sterblich ist. Folglich muß man lesen τα δε
πορρω του ὑμενος, εν ὡ τα πλεον εχοντα της
ψυχης το σωμα, θνητα πεφυκε.

ein Thier, folglich besteht es aus materiellen und intellektuellen Wesen. *)

Die Welt ist das erste, der Mensch das andere Thier nach der Welt, unter allen sterblichen Thieren ist er zuerst beseelt. **) Doch ist er nicht mir nicht gut, sondern auch böse, als sterblicher; die Welt ist als veränderlich nicht gut, aber als unsterblich nicht böse. Des Menschen Seele, nemlich ist in folgende Vehikeln eingeschlossen, der Verstand in der Vernunft, die Vernunft in der Seele, die Seele

---

*) Diese Vergleichung der Welt mit der Menschen-Gestalt finde ich bey den Neu-Platonikern nicht. Wahrscheinlich ist sie aus dem Cabbalisten-Systeme entlehnt, und von deren Adam Kadmon genommen. Auch wüßte ich diese Vorstellungs-Art bey keinem Griechen, außer in einem Orphischen Gedichte, gefunden zu haben, deren Verfasser aber größtentheils zu der Klasse der neu-Platonischen Philosophen gehörten. Sie scheint Morgenländischen Ursprungs; ein Buch der Samanäischen Sekte drückt sich darüber etwa so aus: des Menschen Augen, Ohren, Mund sind die 7 Planeten; das Haupt ist der Himmel; der Körper die Erde; die Nerven das Meer; die Adern die Flüsse; die Seele endlich, nemlich die respirierende, von der vernünftigen belebte Seele, ist der Seele des Universums ähnlich. (S. de Guignes Untersuchungen über die Samanäischen Philosophen in Hißmanns Magaz. der Philos. Th. III. p. 94.) Untersuchte man der Morgenländer Lehre genauer, man würde sicher mehr Uebereinstimmung mit diesen Schriften finden, doch das glänzt nicht, und glänzend und leicht muß alles seyn, was unserm seidenen Publikum gefallen soll.

**) κοσμος πρωτος, flussas πρωτον — πρωτον δε των θνητων, flussas πρωτος, mit Recht; der Stobenser πρωτον, man sieht aber aus ihm den Zusammenhang nicht. Andere, den Sinn nicht wesentlich ändernde Abweichungen, übergehe ich. (Stob. Eclog. Phys. I. p. 89.)

Seele im Geiste, der Geist im Körper. Der Geist durchdringt Blut=Adern, Schlag=Adern, und das Blut, er bewegt das Thier, und trägt es gewisser=maßen. Daher haben auch einige die Seele für das Blut gehalten; weil sie sich in ihrer Natur irr=ten, und nicht wußten, daß der Geist zuerst in die Seele bringen, alsdann das Blut sich verdicken, Blut=und Schlag=Adern leer werden, und alsdann das Thier zu Grunde gehen muß; und daß dies des Körpers Tod ist. *)

Alles hängt von einem Princip ab; und dies Princip kommt von Einem und Einzigem. Das Princip bewegt sich, damit es immer Princip werde; das Eine hingegen allein ruht, und bewegt sich nicht. **) Folglich sind diese drey Wesen; Gott, der Vater und das Gute, die Welt und der Mensch. Die Welt enthält Gott in sich; den Menschen die Welt; die Welt ist Gottes Sohn; der Mensch aber der Welt Kind. Der Mensch ist Gott nicht unbekannt, er kennt ihn sehr wohl, und will von ihm erkannt werden. Dies ist des Menschen einzi=ges Heils=Mittel, Gottes Erkenntniß. Sie ist die Erhebung zum Olymp; nur hiedurch wird eine See=le gut; und die gute nie böse. Und dies wird sie nothwendig —

Wie

---

*) Auch dies scheint kabbalistisch; nach diesem besteht die Seele aus verschiedenen einander umschließenden Thei=len. (Bruck. Hist. Crit. Phil. Tom. II. p. 1043.) Auch die neuern Platoniker sprachen von Vehikeln der Seele; doch finde ich bey ihnen nicht so viele. (Cudworth. Syst. Int. Tom. II. Cap. V, sect. 3. § 15.)

**) Aristotelisch; die erste Ursache aller Bewegung ist ihm unbeweglich; damit aber durch sie nicht alles einförmig werde: so ist noch ein anderes bewegendes, und zugleich bewegliches Princip vorhanden. (Aristot. Phys. VIII, 6.)

Wie verstehst du das, o Trismegist? — Betrachte, mein Sohn, eines Kindes Seele, die noch nicht geschieden ist, weil der Körper noch klein, und nicht ganz erwachsen ist. *) — Wie nun? — Sie ist noch überall schön anzusehen, und von den körperlichen Eindrücken noch nicht befleckt; fast noch an die Welt=Seele geknüpft. Wenn aber der Körper zunimmt, sie in des Körpers Ausdehnung herabzieht, und sie dadurch abgesondert wird: so entsteht daraus Vergessenheit, und sie hat keinen Theil am Schönen und Guten; denn die Vergessenheit verdirbt sie. Eben dies wiederfährt auch dem aus dem Körper gehenden. Denn die in sich selbst zurück kehrende Seele zieht den Geist in das Blut zurück, die Seele in den Geist. Der Verstand aber, weil er von Natur göttlich ist, von seinen Bekleidungen gereiniget, und sich an den feurigen Körper hängend, durchwandert alles, und überläßt die Seele dem Gerichte und ihrem verdienten Urtheile.

Wie meynst du das, mein Vater? Der Verstand trennt sich von der Seele, die Seele vom Geiste, da du doch gesagt hast, die Seele sey des Verstandes, der Geist aber der Seele Kleid. — Der Hörer, mein Sohn, muß dem Redenden nachfolgen, mit ihm übereinstimmen, und die Stärke der Stimme des Redenden an Schärfe des Gehörs übertreffen. Die Zusammensetzung dieser Bekleidungen, mein Sohn, geschieht in einem irrdischen Körper, weil der ganz reine Verstand unmöglich einen irrdischen Körper ganz blos bewohnen kann. Der irrdische Körper kann ein so großes unsterbli=

ches

---

*) Die Folge erklärt es, sie hängt noch mit der Welt=Seele zusammen.

ches Wesen nicht tragen, noch der veränderliche
Körper eine so große Kraft in der Verbindung mit
ihr fassen.*) Er hat also die Seele gleichsam zum
Gewande erhalten. Da aber auch die Seele gött=
lich ist, so bedient sie sich des Geistes als Die=
ners; **) der Geist aber regiert das Thier. Wenn
also der Verstand sich vom irrdischen Körper trennt:
so zieht er gleich sein eigenes feuriges Kleid an, wo=
mit er nicht in den irrdischen Leib einziehen konnte;
weil die Erde das Feuer nicht erträgt. Denn auch
von einem kleinen Funken wird sie ganz ver=
brannt. ***) Darum ist auch das Wasser um die
Erde gegossen, um gleich einer Festung und Mauer
sich des Feuers Flamme zu widersetzen. Der Ver=
stand, als das durchbringendste aller göttlichen Ge=
danken, und durchbringender, als alle Elemente,
hat das Feuer zum Körper. Denn der Schöpfer
aller Welten bedient sich des Feuers zur Schöpfung;
der Schöpfer des Alls zur Hervorbringung aller
Dinge; der Schöpfer des Menschen zur Hervor=

Hermes Trismegist. F brin=

*) συγχρωματιζομενον αυτω. Wahrscheinlich αυτη.
So auch der Stobenser, für das unverständliche Verbum
hat er συγχρωτιζομενον.

**) καθαπερει πυρι. der Stobenser, καθαπερ υπη=
ρετȣ, fehlerhaft, für υπερετη. Einige nicht so we=
sentliche Verschiedenheiten übergehe ich. (Stob. Eclog.
Phys. I. p. 90.)

***) Die Dämonen sind, nach Plotin, feuriger Natur, und
weil Feuer das oberste, die Welt regierende Element,
mithin die Welt=Seele ist; weil aus ihr die andern
geistigen Wesen entspringen: so sind sie auch, in Anse=
hung der Denkkraft, vornemlich feuriger Natur, (Plotin. Ennead. II, I, 6.)

****) ὁ δε του ανθρωπου, sc. δημιουργος. Flussas
hominis mens, unrichtig. Ficin: omnis autem faber;

bringung aller irrdischen. ***) Der vom Feuer entblößte Verstand des Menschen kann das göttliche nicht hervorbringen, weil er seiner Einrichtung nach menschlich ist.

Des Menschen Seele, doch nicht jede, sondern nur die fromme, ist göttlich. Eine solche Seele, die den Kampf der Frömmigkeit gekämpft hat, (der Frömmigkeit Kampf aber ist, Gott erkennen, und keinem Menschen Unrecht thun) wird, nach ihrer Trennung vom Körper, ganz Verstand. *) Die gottlose Seele hingegen bleibt in ihrem Wesen, von sich selbst gestraft, und einen irrdischen menschlichen Körper suchend, um ihn zu beziehen. Denn kein anderer Körper faßt die menschliche Seele; und eine menschliche Seele kann zum Körper eines unvernünftigen Thieres nicht herabsinken. Dies ist Gottes Gesetz, daß eine menschliche Seele vor solcher Beschimpfung bewahrt werde. **)

Wie wird denn, mein Vater, die menschliche Seele gestraft? — Giebt es wohl, mein Sohn, eine größere Strafe, als Gottlosigkeit? Welches Feuer

vielleicht ein Druckfehler, für hominis. Feuer ist Gottes Werkzeug, weil er durch die Welt-Seele alles hervorbringt. Des Menschen Schöpfer ohne Zweifel die Sonne, wie oben schon einmal vorkam; und von fast allen Alten geglaubt wurde, die des Menschen Entstehung der Sonnenwärme, es sey nun durch mechanische Erwärmung des Erdballs, oder durch absichtliche Bildung, zuschrieben.

*) θεος γινεται — η δη νους γινεται, der Stobenser zusammenhängender so: ηγωνισμενη (αγιον δε ευσεβειας — αδικησαι) ολη νους γινεται. (Stob. Eclog. Phyſ. L p. 128.)

**) Dies also gegen Plotin, und dem oben gesagten förmlich widersprechend.

Feuer hat eine solche Flamme, als die Gottlosigkeit? Welches beißende Thier kann den Körper so scharf beißen, als Gottlosigkeit die Seele? Siehst du denn nicht, welche Quaalen die gottlose Seele aussteht? sie ruft und schreyt: ich brenne, verbrenne, weiß nicht, was ich thun, sagen soll. Ich unglückliche, werde von meinen Quaalen verzehrt, ich sehe, ich höre nicht. Sind dies nicht Ausrufungen einer gestraften Seele? Der große Haufe, und auch du, mein Sohn, bildest dir ein, daß die aus dem Körper gehende Seele in ein Vieh verwandelt wird, welches ein großer Irrthum ist.

Vielmehr wird die Seele so bestraft: wenn der Verstand zum Dämon wird; so ist ihm von Gott ein feuriger Körper bestimmt. Er beziehrt die gottlose Seele, und züchtiget sie mit der Geißel ihrer Vergehungen. *) Hiemit gefesselt wendet sich die gottlose Seele zu Mordthaten, Beschimpfungen, Gotteslästerungen, und mancherley Gewaltthätigkeiten, wodurch dem Menschen Unrecht geschieht. Kommt aber der Verstand in eine fromme Seele: so leitet er sie zum Lichte der Erkenntniß.

Eine

---

*) τῶν ἁμαρτανόντων. Vielleicht ἁμαρτημάτων. Nach dem Zusammenhange kann ich mir dies nicht anders, als so vorstellen; der Verstand trennt sich nach dem Tode von der gottlosen Seele, bekommt einen feurigen Körper, und wird dann wieder zu der vorigen Seele, sie zu bestrafen, zurück geschickt. Abweichend von der Lehre einiger vorhergehenden Abhandlungen, dort wurde die Strafe einem besondern Dämon zugeschrieben; auch von Plato; denn ihm ist Herumwanderung in Thier-Seelen, nebst dem Welzen im Kothe und Feuer des Tartarus, Strafe genug. Vermuthlich ist diese Erklärungs-Art aus einem Zusatze christlicher Ideen erwachsen.

Eine solche Seele wird des Preisens nicht satt; *)
sie kann nicht genug allen Menschen Gutes sagen,
und in Worten und Werken Gutes thun, ihrem
Vater nachzuahmen. **).

Dankbar also, mein Sohn, muß man zu
Gott um guten Verstand flehen. Denn diese Seele
vervollkommet sich immer, verschlimmern hingegen
kann sie sich nicht. Die Seelen nemlich haben mit
einander Gemeinschaft, die der Götter, mit den der
Menschen, Gott aber mit allen; denn er ist mächtiger,
als alle, und alle sind unter ihm. Ihm ist die
Welt unterworfen, der Mensch aber der Welt, und
die unvernünftigen Thiere dem Menschen. Gott
ist aber alles, und nur alles. Gottes Strahlen
sind die Kräfte, der Welt Strahlen die natürlichen
Wesen, des Menschen, die Künste und Wissenschaften.
Die Kräfte wirken durch die Welt, und auf
den Menschen durch die physische Strahlen der
Welt: die natürlichen Dinge durch die Elemente;
die Menschen aber durch Künste und Wissenschaften. ***)
Dies ist des Universums Einrichtung,
geknüpft an das Wesen der Einheit, sich erstreckend
durch den Verstand der Einheit, der unter allen das
göttlichste, kräftigste, und das mächtigste Band ist,
die Menschen mit den Göttern, und die Götter
mit den Menschen zu vereinigen. Dies ist der gute
Dämon. Glücklich, die mit ihm erfüllte Seele!
Unglücklich, die seiner beraubte Seele! ****)

Wie

*) ὑπνουσα, Flussas ὑμνουσα mit Recht.

**) εμποιουσα, Flussas ευ ποιουσα, gleichfalls.

***) Scheint kabbalistisch; beym Plotin geschieht der Einfluß durch die Ideen.

****) Wer dieser Dämon? Wirkung der Götter auf die Menschen? So will es der Zusammenhang; aber dann sind

Wie meynst du denn dies, mein Vater? —
Glaube, mein Sohn, daß jede Seele guten Ver≠
stand hat, denn von diesem, nicht aber dem dienst=
baren ist jetzt die Rede, von dem ich oben gesagt
habe, daß er durch das Urtheil hinabgeschickt wird.*)
Eine Seele ohne Verstand kann nichts sagen,
noch thun. **) Denn manchmal trennt sich der
Verstand von der Seele, und zu der Zeit sieht sie
nicht, hört nicht, sondern gleicht einem unvernünf=
tigen Thiere. So groß ist des Verstandes Kraft!
Eine solche an den Körper klebende Seele, die von
ihm unten gemartert wird, verläßt der Verstand.
Eine solche Seele, mein Sohn, hat keinen Ver=
stand; daher auch ein solcher nicht Mensch heissen
darf. Denn der Mensch ist ein göttliches Thier,
und kann mit andern irrdischen Thieren nicht, nur
mit den obern Göttern im Himmel verglichen wer=
den; oder vielmehr, wenn ich es wagen darf, die

Wahr=

Götter und Dämonen nicht unterschieden; und was wird
denn aus dem bösen Dämon? Leute von so unbestimmten
Begriffen, von so schwärmender Phantasie, auf feste Ideen
zu bringen, ist wohl nicht möglich; sie wissen selbst nicht
immer, was sie sagen.

*) Der den Menschen quälende, und ihm zur Strafe
geschickte, also dienstbare, weil er auf Befehl der Gott=
heit martert. Hier, und in der Folge dieselbe Verwir=
rung; erst hat jede Seele guten Verstand, (νουν αγα-
ϑον) das ist, einen Theil der Gottheit, einen guten
Dämon; und hernach hat sie ihn auch nicht.

**) ειρξαι, Flussas facere, also wohl ερξαι; so auch der
Stobenser. (Eclog. Phys. I p. 89.) Es sind noch andere
Verschiedenheiten, von denen sich aber nicht genau be=
stimmen läßt, welche die wahre Lese=Art, weil beyde
Fälle Sinn haben.

Wahrheit zu sagen, der wahrhafte Mensch ist noch über sie; wenigstens sind sie doch einander vollkommen gleich. *)

Denn jeder himmlischer, auf die Erde herabsteigender Gott verläßt des Himmels Bezirk; der Mensch hingegen steigt zum Himmel hinauf, er mißt ihn, und weiß, was in ihm erhaben und tief ist, alles übrige begreift er genau. Was das vornehmste ist, auch ohne die Erde zu verlassen, steigt er hinauf; so groß ist seine Sphäre. **) Also wage ichs, zu sagen, daß der Mensch auf Erden ein sterblicher Gott; der Gott im Himmel aber ein unsterblicher Mensch ist. Durch diese beyde folglich, die Welt und den Menschen, wird alles regiert, von der Einheit aber alles mit einander.

Eilftes Hauptstück.

Der Verstand an Hermes. ***)

Desselben Innhalts, Beweise von Gottes Einheit.

Behalte meine Rede, o Trismegist, und denke an meine Worte. Ich trage kein Bedenken,

---

*) Von andern Philosophen nicht, wohl aber von den Stoikern weiß ich, daß sie sich zuweilen, und vorzüglich Seneka, so vermessen ausdrücken.

**) εκτασεως, der Stobenser εκχυσεως, der Entzückung; dies scheint doch bequemer, weil die Ekstase eben beschrieben ist. Aber welche Prahlerey! Nur ein der menschlichen Geistes Schwäche nicht fühlender Fanatiker kann so sprechen.

***) Der Verstand (νους) ist hier Gott, also das Ganze, Mittheilung in einer Ekstase, einem Anschauen Gottes.

ten, dir alles so zu sagen, wie es mir in den Sinn kommt. — Da ich unter den vielen und verschiedenen Meynungen vieler über das All und Gott, noch die Wahrheit nicht gefunden habe: so gieb mir, mein Herr, hierin Erklärung. Dir allein glaube ich, was du mir davon offenbaren wirst. — Höre, mein Sohn, was Zeit, Gott und das All ist. Gott, die Ewigkeit, die Welt, die Zeit, die Entstehung.

Gott macht die Ewigkeit, die Ewigkeit die Welt, die Welt die Zeit, und die Zeit die Entstehung. *) Gottes Wesen ist das Gute, das Schöne, die Glückseligkeit, die Weisheit. Der Ewigkeit Wesen die Unveränderlichkeit, der Welt die Ordnung, der Zeit die Veränderung, der Entstehung, Leben und Tod. Wirkungen Gottes sind Verstand und Seele; der Ewigkeit, Dauer und Unsterblichkeit; der Welt, Wiederbringung, und der Wiederbringung Zerstöhrung; der Zeit, Wachsthum und Abnahme; der Entstehung, Qualität. **)

F 4 Die

---

*) Der Sinn: Ewigkeit ist in und durch Gott; in der Ewigkeit ist die Welt entstanden, durch die Welt und der Gestirne Bewegung, die Zeit; durch Bewegung, auch Entstehung und Vergehung. Dies alles vollkommen Platonisch, größtentheils aus dem Timäus.

**) Woher diese Sprache, weiß ich nicht; neu-Platonische Ideen scheinen durch; aber das Kleid, so mystisch, daß mehr, oder weniger als Menschenverstand zur Durchschauung bis auf die darunter verborgenen Begriffe gehört. Desto besser aber für die Mystiker selbst, denn dadurch eben werden die Behauptungen der Vernunft Richterstuhle entrissen. So viel sehe ich indeß: Verstand (νους) hier, wie oben für der Neu-Platoniker ψυχη gesetzt, giebt die Folge, daß Verstand und Welt-Seele Gottes Ausflüsse sind. Der Welt Wesen ist Wie-

Die Ewigkeit also ist in Gott; die Welt in der Ewigkeit; die Zeit in der Welt, die Entstehung in der Zeit. Die Ewigkeit ist in Gott unveränderlich; die Welt bewegt sich in der Ewigkeit; die Zeit ist in der Welt eingeschlossen; und die Entstehung ist in der Zeit. Aller Quelle folglich ist Gott; ihr Wesen die Ewigkeit; ihre Materie die Welt. Gottes Kraft ist die Ewigkeit; der Ewigkeit Werk die Welt, als welche nie entstanden ist, aber stets durch die Ewigkeit entsteht. Daher vergeht sie auch nie; denn die Ewigkeit ist unvergänglich. Auch wird nichts in der Welt vernichtet, weil sie von der Ewigkeit umschlossen ist. —— Was aber ist denn die göttliche Weisheit? —— *) Das Gute, das Schöne, die Glückseeligkeit, alle Vollkommenheit, und die Ewigkeit. Die Ewigkeit schmückt die Materie durch Hineinlegung der Unsterblichkeit und Dauer, weil ihre Entstehung von der Ewigkeit abhängt, wie auch die Ewigkeit von Gott. Entstehung und Zeit sind im Himmel und auf Erden auf doppelte Art. Im Himmel unveränderlich und unvergänglich; auf Erden veränderlich und vergänglich.

Der Ewigkeit Seele ist Gott; der Welt Seele die Ewigkeit; der Erde Seele der Himmel. Gott ist

verbringung, weil alles sich aus derselben Materie wieder bildet, vielleicht auch, weil im Anfange des kommenden großen Jahres alles wieder in derselben Gestalt erscheinen wird. Der Entstehung Wesen ist Qualität, weil durch Entstehung aus unförmlicher Materie, Elemente, aus diesen andere Körper werden, vom Plato schon Qualitäten genannt.

*) ἡ δε του θεου σοφια τις εςι, muß wohl Frage seyn.

ist im Verstande, der Verstand in der Seele, die Seele in der Materie; dies alles durch die Ewigkeit. Diesen ganzen Körper, worin alle Körper sich befinden, erfüllt inwendig eine Seele mit Gott und Verstand ausgerüstet; und umschließt ihn von außen, um das Universum zu beleben. Von außen nemlich dies große und vollkommene Thier, die Welt; von innen hingegen alle Thiere *) Oben im Himmel bleibt sie unveränderlich; unten aber, auf Erden, verändert sie sich in entstehenden Dingen.

Die Ewigkeit erhält sie, es sey nun aus Nothwendigkeit, oder durch die Vorsehung, oder von Natur, oder durch sonst etwas, was etwa jemand dafür hält, oder halten wird. Dies alles ist der thätige Gott. Die Thätigkeit aber ist Gottes unermeßliche Kraft, weder mit einer göttlichen, noch menschlichen vergleichbar. Also, mein Hermes, schätze nie etwas, es sey himmlisch, oder irrdisch, Gott gleich; denn du würdest die Wahrheit verfehlen. Nichts ist dem unähnlichen, einzigen, und einem ähnlich, glaube nicht, daß er irgend einem andern an Kraft weicht. Denn welches Leben, welche Unsterblichkeit, welche Veränderung der Qualität ist nach ihm? **)

Was konnte er nun wohl anders machen? ***) Gott ist nicht müßig, weil sonst alles unthätig seyn würde;

*) Der äußere Theil der Weltseele belebt das Ganze; der in der Welt eingeschlossene Theil, die Thiere in der Welt.

**) τις γαρ μετ' εκεινον, ειτε ζωης, και αθανασιας, και μεταβολης ποιοτητος, ohne Zusammenhang, ich vermuthe ζωη, αθανασια, μεταβολη ποιοτητος.

***) τι δε αυτος αλλο τι ποιησειεν; das letztere τι scheint überflüßig.

wurde; und alles von Gott erfüllt ist. Auch in der
Welt ist nirgends Unthätigkeit, noch in irgend ei=
nem andern Wesen. Unthätigkeit ist ein leeres
Wort, sie hat keine Ursache, und kann auch nicht
entstehen. Alles muß allezeit; und nach jedes Or=
tes Beschaffenheit entstehen; denn die wirkende Ur=
sache ist in allen, nicht aber nur in einigen Dingen
ausschließend; sie wirkt auch nicht etwa Eins, son=
dern alles; denn als thätige Kraft ist sie nicht dem
gewirkten, sondern das gewirkte ihr hinlänglich. *)

Betrachte durch mich die dir vor Augen liegende
Welt, betrachte scharf ihre Schönheit; ihren unver=
letzlichen Körper, den nichts an Alter übertrifft, und
der doch stets blühend, jung, ja noch immer blü=
hender ist. Schaue auch die in ihr begriffenen sie=
ben Welten, mit ewiger Ordnung geschmückt, und
ihren Lauf ewig vollendend. Alles ist voller Licht,
aber nirgends Feuer. Der entgegengesetzten und
sich unähnlichen Wesen Freundschaft und Verbin=
dung ist Licht geworden, welches von Gottes Kraft
erleuchtet wird; dem Vater alles Guten, dem Ur=
heber aller Ordnung in den sieben Welten. Schaue
jenen Mond, aller Vorläufer, der Natur Werk=
zeug, der aus veränderlicher Materie besteht. Die
Erde in der Welt Mittelpunkte, als Sediment der
schönen Welt befestigt, der irrdischen Thiere Ernäh=
rerin und Amme. Schaue auch die große Menge
unsterblicher Thiere, die den sterblichen, und in ih=
rer Mitte der unsterblichen so wohl, als sterblichen,
den Mond sich herumdrehend. **)

Alles

*) τα γινομενα υπ' αυτω, verstehe ich nicht, wohl
aber ohne υπ'.

**) Nach dem Systeme der meisten Griechen ist über dem
Monde alles unvergänglich, unveränderlich; unter dem

Alles dies ist erfüllt mit Seele, und alles bewegt sich, so wohl im Himmel, als auf Erden, doch das rechte nicht zur linken, noch das linke zur rechten, noch das obere nach unten, oder das untere nach oben. Daß das alles entstanden ist, darfst du, liebster Hermes, nicht von mir noch lernen. Es sind Körper, sie haben eine Seele, und bewegen sich; und solche Wesen können ohne einen Urheber ihrer Verbindung nicht verknüpft werden. Folglich muß ein solcher, und zwar durchaus nur Einer da seyn. *) Denn da die Bewegung verschieden und vielfach; **) da die Körper nicht ähnlich sind, und doch allen gleiche Geschwindigkeit vorgeschrieben ist: so können keine zwey, oder mehrere wirkende Ursachen seyn; weil unter vielen nicht eine Ordnung beobachtet wird. Unter vielen muß Eifersucht gegen den mächtigern entstehen, und daraus Zank mit einander. Wäre der Schöpfer veränderlicher und sterblicher Thiere ein anderer: so hätte er getrachtet, auch unsterbliche hervorzubringen, wie der Schöpfer unsterblicher Thiere auch sterbliche hätte hervorbringen wollen. ***) Und sind ihrer zwey, da doch nur eine Materie und Seele existiert, von wem kommt denn des Werkes Einrichtung? Wenn zum Theil von beyden, von wem der größere Theil? Viel=

Monde alles veränderlich; der Mond also der göttlichen Wesen und groben Materie Scheidewand.

*) τουτον, Flussas τοιστον, mit Recht.

**) εν διαφορων γαρ και πολλων ουσων των κινησεων. Die Präposition dient hier zu nichts, stöhrt nur die Verbindung.

***) αθανατους, Flussas αθανατα; θνητους, Flussas θνητα, nach dem Zusammenhange.

Vielmehr stelle dir alle lebende Körper, aus Materie und Leben, dem unsterblichen, sterblichen und unvernünftigen zusammengesetzt, vor. Denn alle lebende Körper sind beseelt, das Leblose hingegen ist bloße Materie. Die mit ihrem Urheber verwandte Seele ist des Lebens Ursache; und alles Lebens Ursache ist auch der unsterblichen Ursache.*) —

Woher sind nun die sterblichen Thiere von den unsterblichen verschieden? **) und wie kommt es, daß das Unsterbliche, und was Unsterblichkeit hervorbringt, kein Thier bildet? — Daß es einen, und zwar einzigen Urheber giebt; ist unleugbar; denn es ist nur eine Seele, ein Leben, und eine Materie — Und wer ist dieser? — Wer anders, als der einzige Gott? Denn wem sonst käme es zu, lebende Thiere hervorzubringen, als Gott allein? — Dies wäre äußerst lächerlich — Also ist nur ein Gott. Daß nur eine Welt, eine Sonne, ein Mond und eine Gottheit ist, hast du eingeräumt; wie vielfach willst du denn Gott selbst haben? Er also bringt alles in den vielen hervor ***) — Wenn nicht, so wäre es höchst lächerlich — Und was ist es denn Gott großes, Leben, Seele, Unsterblichkeit und Veränderung zu wirken, da du es doch auch wirkst? Denn du siehst, hörst, sprichst, riechst, fühlst, gehst, denkst und athmest. Der Sehende ist nicht vom Hörenden, vom

Reden=

---

*) της δε ζωης πας αιτιος ὁ των αθανατων, scheint πασης zu erfordern.

**) πως ουν τα θνητα ζωα αλλα των θνητων; eine nichts bedeutende Frage; ich vermuthe aus dem Zusammenhange αθανατων.

***) ποιει εν πολλω, Flußas πολλοις, besser.

Nebenden, vom Fühlenden, vom Riechenden und Gehenden verschieden; der Denkende kein anderer, als der Sehende; sondern einer ists, der dies alles verrichtet. *)

Es ist aber auch nicht einmal möglich, daß dies alles außer Gott sey. Denn wie du, dieser Eigenschaften beraubt, nicht mehr Thier bist; so ist auch Gott dieser beraubt, (welches doch, so zu sagen, nicht erlaubt ist) nicht mehr Gott. Ist es dargethan, daß unmöglich Nichts seyn kann, wie vielmehr kann es Gott nicht? Denn ist etwas, das er nicht wirkt, so ist er (sollte man dies auch nicht sagen dürfen) unvollkommen. Ist er aber nicht unthätig, sondern vollkommen: so bringt er auch alles hervor. Ueberläßt du dich nun, Hermes, mir ein wenig: so wirst du leichter einsehen, daß Gottes Werk eins ist, damit alles geschehende geschehe, was geschehen ist, und was noch geschehen soll. Dies, mein Lieber, ist Leben, das heißt, das Schöne, das heißt, das Gute, das heißt, Gott.

Willst du dies auch an einem Fakto sehen: so erwäge, was in dir vorgeht, wenn du zeugen willst. Doch ist dies jenem nicht ähnlich. Er also empfindet keine Wollust, und hat keinen andern zum Gehülfen, weil er, als durch sich selbst wirkend, stets im Werke ist, und selbst das ist, was er wirkt. Würde er davon getrennt; alles müßte zusammenfallen, alles sterben, weil kein Leben seyn würde. Ist aber alles lebend: so ist auch ein Leben, folglich auch ein Gott. Ferner, ist alles, so wohl im Himmel, als auf Erden, lebend; und wird allen ein Leben von Gott mitgetheilt; und ist dies Gott: so

ent=

---

*) ἀλλ' εἰς ὁ ταυτα παντα, fehlt wohl ποιων.

entsteht alles durch Gott. Leben aber ist Vereinigung des Verstandes und der Seele; der Tod hingegen nicht Vernichtung, sondern Trennung der vereinigten Dinge. Gottes Bild also ist die Ewigkeit, der Ewigkeit Bild die Welt, der Welt die Sonne, der Sonne der Mensch. Die Verwandelung pflegt man Tod zu nennen, weil der Körper aufgelöset wird, und das Leben nach seiner Auflösung aus unsern Augen verschwindet. *)

Aus diesem Grunde, liebster Hermes, sage ich auch, der ich doch, wie du hörst, Gott fürchte, daß sich die Welt verändert, weil täglich etwas von ihr unsichtbar wird; daß sie aber doch nie vernichtet wird. **) Der Welt Veränderungen sind diese: Kreisbewegungen und Verschwindungen. Kreisbewegung ist Umdrehung, Verschwindung aber Verjüngung. Die Welt hat alle Gestalten, aber nicht sichtbar, sie verändert sich in sich selbst.

Da nun die Welt alle Gestalten hat, was soll denn ihr Urheber seyn? Ungeformt kann er nicht, ist er aber auch allgestaltet, so ist er der Welt ähnlich; hat er aber eine Form, so ist er eben darin geringer, als die Welt. Was also wollen wir von ihm behaupten, um uns nicht in Zweifel zu verwickeln? Nichts unauflöslich zweifelhaftes läßt sich von Gott denken; er hat also eine Form, die ihm eigen ist, die als unkörperlich nicht in die Augen fällt, und doch zeigt er durch die Körper alle Formen.

Wun=

---

*) τα διαλυομενα, Flussas του διαλυομενου, nicht genug, der Zusammenhang scheint αυτου zu verlangen.

**) μηδεποτε διαλυεϑαι, der Zusammenhang erfodert δε διαλ:

95

Wundere dich aber nicht, daß es eine unkörperliche Form giebt; denn sie gleicht den Ideen des Verstandes, und den äußersten Zügen der Gemählde. Man sieht diese als sehr hervorstechend; an sich aber sind sie doch glatt und vollkommen eben.

Jetzt erwäge auch den kühnen, aber doch sehr wahren Satz: wie der Mensch ohne Leben nicht leben kann, so auch Gott nicht ohne das Gute zu wirken. Denn dies ist gleichsam Gottes Leben und Bewegung, alles bewegen und beleben.

Einige meiner Sätze müssen einen besondern Sinn haben; nimm z. B. folgenden zu Herzen: Alles ist in Gott, doch nicht wie im Orte liegend. Denn der Ort ist Körper und unbeweglich, und was liegt, hat keine Bewegung. *) Auf eine andere Art liegt etwas im unkörperlichen, in der Vorstellungskraft. **) Stelle dir den alles umschließenden vor, und stelle dir vor, daß das Unkörperliche von nichts begränzt werden kann, daß nichts schneller, nichts mächtiger, als dies; und dies unbegränzte, das schnellste und mächtigste ist. Dies erwäge an dir selbst, befiehl deiner Seele, von hier auszugehen; schneller, als dein Befehl, wird sie dort

---

*) Nach Aristoteles ist der Ort des einen gewissen Körper umschließenden Gränze; folglich Körper. Denn nach ihm giebt es keinen von den Körpern verschiedenen Raum, und was irgendwo ist, wird allemal von einem Körper umschlossen. (Arist. Phys. IV, 4, 8.)

**) Betrachte, spricht Plotin, diese Welt; wenn keine höhere Welt, als sie, da ist: so ist sie nicht in der Welt; noch auch im Orte; denn welcher Ort könnte wohl vor der Welt da seyn? — Die Seele ist nicht in der Welt, sondern die Welt in der Seele; denn der Seele Ort ist nicht der Körper, sondern die Seele ist im Verstande; und der Körper in der Seele. (Ennead. V, V, 9.

dort seyn. Befiehl ihr, an den Ocean zu gehen, auch da wird sie sehr bald seyn. Nicht als von einem Orte zum andern gehend, sondern als schon dort befindlich. Befehl ihr, zum Himmel zu fliegen, und sie wird keiner Flügel bedürfen, nichts ihr im Wege stehen, nicht der Sonne Feuer, nicht der Aether, nicht die Kreisbewegung, nicht die Körper der andern Gestirne. *) Durch alles hin wird sie bis an den äußersten Körper fliegen, und willst du auch noch durch ihn bringen, und was draußen ist, wofern anders etwas außer der Welt liegt, schauen: so kannst du es. Siehe, welche Kraft, welche Schnelligkeit du besitzest. Du kannst dies, und Gott sollte es nicht? So also stelle dir Gott vor, der alle Gedanken, und die ganze Welt selbst in sich schließt. **)

Machst du dich also nicht Gott gleich: so kannst du ihn nicht begreifen; denn ähnliches wird nur durch ähnliches erkannnt. ***) Dehne dich aus bis zur unermeßlichen Größe; schwinge dich aus aller Körper Gränze, und erhebe dich über alle Zeit. Werde Ewigkeit, und du wirst Gott denken.

*) των αλλων αςερων, es sind ja noch keine genannt. Vermuthlich also oben ουχ η του ηλιου δινη.

**) ωσπερ νοηματα παντα εν εαυτω εχειν, gegen die Grammatik vielleicht οσπερ — εχει — τον κοσμον εαυτον, Fluſſas αυτο mit Recht.

***) Ein von den ältesten Philosophen Griechenlands durchgehends als Axiom angenommener Satz. Aus ihm folgerten sie, daß die Seele aus verschiedenartigen Substanzen bestehe, und daß jeder Sinn sein eigen Element haben muß. So geschieht Sehen durchs Feuer; Fühlen durch Erde, u. s. w. (Aristot. de An. I, 2.)

fen. Glaube in dir nichts unmögliches, daß du selbst unsterblich bist, alles begreifen kannst, alle Kunst, alle Wissenschaft, aller Thiere Lebensart. Steige hinauf über alle Höhe, hinunter tiefer, als aller Abgrund. Fasse in dir alle Eindrücke der wirksamen Wesen, des Feuers, Wassers, der Feuchtigkeit und Trockenheit. Denke, daß du allenthalben, auf Erden, im Meere, im Himmel bist, daß du noch nicht gebohren, noch in Mutterleibe, jung, alt, gestorben seyst, und was dem Tode folgt. Wenn du dies alles zugleich denkst, Zeiten, Orte, Sachen, Qualitäten, Quantitäten; so kannst du Gott begreifen.

Verschließest du aber deine Seele im Körper, erniedrigst du dich, und sprichst, ich denke nichts, ich kann nichts, ich fürchte das Meer, zum Himmel kann ich mich nicht erheben, ich weiß nicht, wer ich war, wer ich seyn werde; was hast du denn für Theil an Gott? denn du kannst nichts Gutes und Schönes, da du deinen Körper liebst, und ein schlechter Denker bist. Gott nicht kennen, ist die höchste Unvollkommenheit; ihn hingegen erkennen können, wollen und wünschen, ist der gerade, und dem Guten eigenthümliche Weg, der zum Ziel führt, und wandelst du ihn: so wird er dir leicht, überall wird er dir begegnen, überall dir erscheinen, da, und wenn du es nicht erwartest, im Wachen, im Schlafen, im Seefahren, im Reisen, bey Nacht, bey Tage, im Reden und Schweigen. Denn es ist nichts, was nicht im Bilde des Grabes sey. *)

Hermes Trismegist.   Aber

---

*) Der Körper heißt den Neu=Platonikern Grab: schon die Pythagorcer und Plato spielten vor. (Plat. Cratyl.) Hier des Grabes Bild; in ihm ist alles, weil die ihn bewohnende Seele aus allen Wesen besteht.

dort seyn. Befiehl ihr, an den Ocean zu gehen, auch da wird sie sehr bald seyn. Nicht als von einem Orte zum andern gehend, sondern als schon dort befindlich. Befehl ihr, zum Himmel zu fliegen, und sie wird keiner Flügel bedürfen; nichts ihr im Wege stehen, nicht der Sonne Feuer, nicht der Aether, nicht die Kreisbewegung, nicht die Körper der andern Gestirne. *) Durch alles hin wird sie bis an den äußersten Körper fliegen, und willst du auch noch durch ihn dringen, und was draußen ist, wofern anders etwas außer der Welt liegt, schauen: so kannst du es. Siehe, welche Kraft, welche Schnelligkeit du besitzest. Du kannst dies, und Gott sollte es nicht? So also stelle dir Gott vor, der alle Gedanken, und die ganze Welt selbst in sich schließt. **)

Machst du dich also nicht Gott gleich, so kannst du ihn nicht begreifen; denn ähnliches wird nur durch ähnliches erkannt. ***) Dehne dich aus bis zur unermeßlichen Größe; schwinge dich aus aller Körper Gränze, und erhebe dich über alle Zeit. Werde Ewigkeit, und du wirst Gott denken.

---

*) των αλλων αϛερων, es sind ja noch keine genannt. Vermuthlich also oben ουχ η του ηλιου δυν. (

**) ωϛπερ νοηματα παντα εν εαυτω εχειν, gegen die Grammatik vielleicht οϛπερ — εχει — τον κοσμον εαυτον. Fluffas auto mit Recht.

***) Ein von den ältesten Philosophen Griechenlands durchgehends als Axiom angenommener Satz. Aus ihm folgerten sie, daß die Seele aus verschiedenartigen Substanzen bestehe, und daß jeder Sinn sein eigen Element haben muß. So geschieht Sehen durchs Feuer, Fühlen durch Erde, u. s. w. (Aristot. de An. l. 2.)

fen. Glaube in dir nichts unmögliches, daß du selbst unsterblich bist, alles begreifen kannst, alle Kunst, alle Wissenschaft, aller Thiere Lebensart. Steige hinauf über alle Höhe, hinunter tiefer, als aller Abgrund. Fasse in dir alle Eindrücke der wirksamen Wesen, des Feuers, Wassers, der Feuchtigkeit und Trockenheit. Denke, daß du allenthalben, auf Erden, im Meere, im Himmel bist, daß du noch nicht gebohren, noch in Mutterleibe, jung, alt, gestorben seyst, und was dem Tode folgt. Wenn du dies alles zugleich denkst, Zeiten, Orte, Sachen, Qualitäten, Quantitäten; so kannst du Gott begreifen.

Verschließest du aber deine Seele in Körper, erniedrigst du dich, und sprichst, ich denke nichts, ich kann nichts, ich fürchte das Meer, zum Himmel kann ich mich nicht erheben, ich weiß nicht, wer ich war, wer ich seyn werde; was hast du denn für Theil an Gott? denn du kannst nichts Gutes und Schönes, da du deinen Körper liebst, und ein schlechter Denker bist. Gott nicht kennen, ist die höchste Unvollkommenheit; ihn hingegen erkennen können, wollen und wünschen, ist der gerade, und dem Guten eigenthümliche Weg, der zum Ziel führt, und wandelst du ihn: so wird er dir leicht, überall wird er dir begegnen, überall dir erscheinen, da, und wenn du es nicht erwartest, im Wachen, im Schlafen, im Seefahren, im Reisen, bey Nacht, bey Tage, im Reden und Schweigen. Denn es ist nichts, was nicht im Bilde des Grabes sey.*)

Hermes Trismegist.  Aber

―――――――
*) Der Körper heißt den Neu-Platonikern Grab: schon die Pythagoreer und Plato spielten vor. (Plat. Cratyl.) Hier des Grabes Bild; in ihm ist alles, weil die ihn bewohnende Seele aus allen Wesen besteht.

Aber iſt nicht Gott unſichtbar? — Rede beſſer, wer iſt wohl offenbarer? *) Eben deswegen hat er alles geſchaffen, damit du ihn durch alles ſeheſt. Dies iſt das Gute Gottes, dies ſeine Vollkommenheit, daß er durch alles erſcheint. Nichts, auch das Unkörperliche nicht iſt ſichtbar, ohne ihn. **) Der Verſtand iſt ſichtbar im Denken, Gott im Wirken. So viel ſey dir, mein Trismegiſt, offenbart, allem übrigen denke ſelbſt nach, und du wirſt nicht fehlen.

Zwölftes Hauptſtück.

Hermes Trismegiſt, über den allgemeinen Verſtand, an Tat. ***)

Gottes Natur, Unterſchied der vernünftigen und unvernünftigen Thiere.

Der Verſtand, mein Tat, iſt aus der göttlichen Subſtanz ſelbſt, wenn es anders eine Subſtanz Gottes giebt, nnd wie dieſe beſchaffen iſt, weiß er allein. ****) Der Verſtand alſo iſt nicht von der gött=

---

*) τις αυτου φανερωτατος; vielleicht φανερωτερος.

**) ουδεν γαρ ορατον, ουδε των ασωματον, iſt an ſich ungereimt, vermuthlich iſt ανευ αυτου ausgefallen.

***) νους κοινος, hier der erſte unmittelbare Ausfluß aus Gott; vollkommen Plotiniſch; auch darin, daß er nicht als eine von Gott verſchiedene Subſtanz, ſondern ſein weſentlicher Ausfluß betrachtet wird.

****) ουτος μονος ακριβως αυτον οιδεν, mir ſcheint αυτον überflüßig, wenigſtens wüßte ich es mit nichts zu verbinden.

göttlichen Substantialität getrennt, sondern gleichsam von ihr, gleich dem Sonnenlichte, ausströmend. Dieser Verstand ist in den Menschen ein Gott, und daher sind auch einige Menschen Götter, und ihre Menschlichkeit gränzt an die Gottheit. *) Die gute Gottheit nennt die Götter unsterblich, die Menschen aber sterbliche Götter. **) In den unvernünftigen Thieren hingegen ist er die Natur. Denn wo Seele, da ist auch Verstand; wie wo Leben, auch Seele ist. ***)

In den unvernünftigen Thieren ist Seele ohne Verstand, denn Verstand ist der Wohlthäter menschlicher Seelen. Er bildet sie zum Guten, mit den unvernünftigen wirkt er durch jedes Natur, ****) den vernünftigen hingegen widersetzt er sich. *****) Denn jede Seele wird, so bald sie in den Körper kommt, durch Schmerz und Vergnügen verschlimmert. Denn im zusammengesetzten Körper gähren Schmerz und Vergnügen, gleich den Feuchtigkeiten, und von ihnen wird die hineinkommende Seele angefeuchtet. Seelen also, die der Verstand regiert, zeigt er seinen Glanz, indem er ihrer Ansteckung entgegen wirkt, wie ein guter
Arzt

---

*) ἢ αὐτοῦ, Fluſſas καὶ αὐτῶν mit Recht.

**) In einer oben da gewesenen Stelle.

***) ὅπου καὶ ζωή, ἐκεῖ καὶ ψυχή. Das erstere καὶ überflüßig.

****) τῇ δὲ ἑκάςου φύσει συνεργῶς, die Präposition steht hier im Wege.

*****) Innerhalb weniger Zeilen förmliche Widersprüche, ist schon nichts neues. Erst heißt es, jede Seele hat Verstand, hernach Thierseelen nicht. Die erste Behaup-

Arzt dem von Krankheit angegriffenen Körper durch Schneiden und Brennen Schmerz verursacht. *)

Eben so betrübt auch der Verstand die Seele, indem er die Wollust ihr benimmt, als woraus alle Seelen=Krankheit entspringt. Eine schwere See= len=Krankheit aber ist Gottesläugnung. Darauf folgt irrige Meynung zu allem Bösen, und nichts Gutes. Ihr arbeitet der Verstand entgegen, und theilt der Seele Gutes mit, wie der Arzt dem Kör= per Gesundheit. **)

Welche Menschen=Seelen aber nicht den Ver= stand zum Regierer bekommen haben, die sind den unvernünftigen Thieren gleich. Denn er unter= stützt sie, läßt die Begierden schießen, denen sie aus aller Macht nachhängen, die auf das Unvernünfti= ge gehen, und unaufhörlich, gleich der thierischen Unvernunft, gerathen sie in Heftigkeit, streben un= vernünftig, und werden des Bösen nicht satt. Denn unvernünftige Hitze und Begierden sind sehr große

Män=

tung Platonisch; denn ihm sind alle Seelen, auch die der Thiere gleiches Wesens; und das müssen sie auch, wenn Seelenwanderung statt finden soll. Was es heis= sen soll, daß der Verstand in den unvernünftigen Thie= ren durch die Natur wirkt, ist dunkel. Φυσις steht auch für materielle Wesen, und materiell sind die untern Seelenkräfte; also wirkt er hier blos durch materielle Kräfte.

*) προλημμασι, Flussas instantibus periculis. Ficin mo- ribus malisque. Beydes möchte ich bewiesen sehen. Ich vermuthe, weil προλαμβανειν gleich darauf von Krankheit vorkommt; hat auch dies ähnliche Bedeu= tung, ob es gleich sonst nicht gewöhnlich ist.

**) την υγιειαν; das Fragezeichen am unrechten Orte.

Mängel. Ihnen hat Gott zum Zuchtmeister und Bändiger das Geſetz gegeben. — *)

Hier, mein Vater, ſcheint mir das oben vom Schickſale Geſagte umgeſtoßen zu werden. Denn iſt es unabänderlich, dem einen zu ehebrechen, dem andern Tempel zu berauben, oder irgend etwas anders zu verbrechen beſtimmt, warum wird denn der durch des Schickſals Nothwendigkeit Sündigende beſtraft? — Das Schickſal, mein Sohn, verrichtet alles, ohne dies kann nichts, es ſey körperlich, oder unkörperlich, gut, oder böſe, geſchehen. Allein dem, der Böſes thut, beſtimmt auch das Schickſal, Böſes zu leiden, und darum thut er es, damit er leide, was er, weil ers gethan hat, leidet.

Jetzt aber iſt nicht von Laſter und Schickſal die Rede, denn hievon habe ich anderswo geſprochen, ſondern vielmehr vom Verſtande; was nemlich der Verſtand vermag, wie er in verſchiedenen, im Menſchen ſo, im Viehe anders iſt. **) Ferner,

*) Plotin: als die Seelen anfiengen, ſich ihrer Freyheit zu bedienen, und ſich auf die Kraft, ſich ſelbſt zu bewegen, verließen; eben dadurch einen verkehrten Weg nahmen: ſo vergaßen ſie ihren Urſprung; wie Knaben gleich nach der Geburt von ihren Eltern abgeſondert, erzogen, ſich und ihre Eltern nicht kennen. Da ſie alſo weder ſich, noch ihren Vater kennen, ſich aber deswegen gering ſchätzen, und alles vorkommende mehr, als ſich ſelbſt, bewundern: ſo trennen ſie ſich, eben dadurch von ihrem Vater. (Plotin. Ennead. V, I, 1.). Was hier für ein Geſetz gemeynt iſt, läßt ſich aus Mangel an nähern Beſtimmungen nicht mit Gewißheit ſagen. Vermuthlich das Natürliche, als auf deſſen Uebertretung, ältern ſo wohl, als neuern Platonikern, Strafen nach dem Tode folgen.

**) το δε νυν εχον ο περι κακιας και ειμαρμενης λογος, hat keinen Zuſammenhang; ich vermuthe ου.

daß er in den unvernünftigen Thieren nicht wirk=
sam; ganz anders aber im Menschen ist, indem er
Zorn und Begierden schwächt, *) und daß man
einige Menschen für vernünftig, andere hingegen
für unvernünftig halten muß. Alle Menschen sind
dem Schicksale unterworfen, der Entstehung und
der Veränderung, denn dies ist des Schicksals An=
fang und Ende. Auch wiederfährt allen Menschen
das ihnen Bestimmte, aber den vernünftigen, die,
wie gesagt, vom Verstande regiert werden, nicht
wie den andern. Sondern vom Laster frey leiden
sie es nicht, weil sie böse sind. —

Wie verstehst du denn wieder dies, mein Va=
ter? Ist der Ehebrecher nicht lasterhaft? Nicht
auch alle übrigen Verbrecher? — Der Vernünf=
tige, mein Sohn, leidet, ohne Ehebruch begangen
zu haben, als ob er es gethan hätte, ohne gemordet
zu haben, als ob er gemordet hätte. Der Verän=
derung kann man unmöglich entgehen, wie auch der
Entstehung nicht; aber dem Laster kann der Ver=
ständige ausweichen; daher habe ich, mein Sohn,
den Guten Dämon allezeit sagen hören, und hätte
er es schriftlich mitgetheilt, das Menschengeschlecht
würde großen Nutzen gehabt haben. Denn er al=
lein, mein Sohn, spricht, weil er als erstgebohrner
Gott alles geschaut hat, göttliche Worte. *) Ihn
nun

---

*) ανομοιος εν πασι, Flussas ανδρασι mit Recht.

**) αγαθου δαιμονος, aus den folgenden Bestimmun=
gen erhellet, daß er darunter den Verstand, als unmit=
telbaren Ausfluß Gottes, versteht. Uebrigens fehlt die=
sem ganzen Raisonnement sehr viel, um des erstgebohr=
nen Verstandes würdig zu seyn. Einiges hatte wohl
der Verf. von Vertheidigung der Güte Gottes gehört,
aber er wußte es nicht im ganzen Zusammenhange zu

nun habe ich einmal sagen hören, daß alles Eins ist, vorzüglich aber die intellektuellen Körper. Daß wir durch Kraft, Thätigkeit und Einigkeit leben. Sein Verstand folglich ist Gott, und der ist auch seine Seele. *) Da sich nun dies so verhält: so ist nichts Intellektuelles durch den Raum getrennt, mithin kann der Verstand, als Allherrscher, und Gottes Seele, thun, was er will. Du aber beherzige dies, und wende es auf die Frage an, die du oben an mich gethan hast. **)

Ich meyne auf das Schicksal des Verstandes. ***) Setzest du, mein Sohn, alle Trugschlüsse

bey denken. Daher läßt sich auch hieraus kein Final-Resultat ziehen.

*) ἀγαθος ἄρα, Flussas τούτου mit Recht, doch vermisse ich hier Zusammenhang, vermuthlich, weil etwas ausgefallen ist. Oder etwa der Ewigkeit Seele?

**) In der Intellektual-Welt, das ist, im göttlichen Verstande, giebt es, nach Plotin, keinen Raum, weil Verschiedenheit der Orte Theilbarkeit, und Raum Verschiedenheit der Orte mit sich führt. (Plotin. Ennead. VI, V, 3.) Auch diesem Schlusse fehlt Zusammenhang; und das Ende ist gar gegen ihn, und die Alten. Plato, nebst den meisten Alten, sagten doch, der ewigen Materie wesentliche Unvollkommenheit sey des Uebels Ursache, also, weil Gott nicht alles, was er wollte, vermochte. Kann Gott, was er will, so sind wir noch weit vom Ziele.

***) εἱμαρμένη τοῦ νοῦ. Das Fatum, in so fern es von Gott abhängt und angeordnet ist: Gott, sagt er, ist des Schicksals Herr, und Urheber. Er kann die Guten über das Schicksal erheben dadurch, daß er sie zu sich hinauf zieht, und ihren Verstand von dem Einflüssen der untern materiellen Seelenkräfte losmacht. In unserer Seele, sagt Jamblich, ist noch ein anderes über die Materie erhabenes Princip, dadurch wir mit den Göttern vereinigt, und über der Welt Ordnung erhoben, ja des

ben Seite; so wirst du finden, daß der Verstand alles vollkommen beherrscht, Gottes Seele nemlich, sowohl was das Schicksal, als das Gesetz, und alles übrige betrift; daß ihm nichts unmöglich ist, nicht, eine menschliche Seele über das Schicksal zu erheben, nicht, wenn sie ihre Vorfälle nicht achtet, sie unter das Schicksal zu setzen. *) So weit der guten Gottheit beste Worte. —

Göttlich sind sie, mein Vater, wahr und nützlich! doch erkläre mir folgendes noch: du sagtest, der Verstand wirke in den unvernünftigen Thieren nach Art der Natur, indem er ihren Begierden sich folgsam zeigt. Der unvernünftigen Thiere Begierden aber sind, meiner Meynung nach, blos Leidenschaften; wirkt nun der Verstand mit ihnen: so ist er ja Leidenschaft, da er mit den Leidenschaften gleiche Beschaffenheiten bekommt. **) Vortreflich, mein Sohn,

---

ewigen Lebens, und der höchsten Götter Einflüsse theilhaftig werden können. Hiedurch also können wir uns dem Schicksale entziehen. (Jamblich. de Myst. Aegypt. p. 160.)

*) ουτε ειμαρμενης υπερανω θειναι ψυχην ανθρωπινην etc. Flussas konstruirt richtig mit αδυνατον. Ficin schwatzt in den Tag hinein, ideoque animus humanus fato superior, non tamen quæ fato subjecta sunt negligit.

**) παθη sind dem Aristoteles Modificationen, entgegengesetzt den εξεσι, oder beständigen Eigenschaften. (Metaphys. IV, 20, 21.) Begierden unvernünftiger Thiere heissen Modificationen, weil sie von sinnlichen Eindrücken leidentlich gewirkt werden. Gott hingegen ist dem Anaxagoras so wohl, als Plato, Aristoteles, und den neuern Platonikern απαθης, das ist, keine Modification wird ihm von außen mitgetheilt.

Sohn, du frägst mit Nachdenken; ich also muß dir auch so antworten.

Alles Unkörperliche, mein Sohn, was im Körper veränderlich ist, ist im eigentlichen Sinne Leidenschaft, denn alles Bewegende ist unkörperlich. Alles Bewegte hingegen Körper. Das Unkörperliche wird vom Verstande bewegt, und Bewegung ist Leiden; folglich leidet beydes, so wohl das Bewegende, als das Bewegte; jenes als Herrscher, dies als beherrschtes. Trennt sich aber der Verstand vom Körper: so hört er auch auf zu leiden, oder eigentlicher ist nichts impaßibles, sondern alles paßibel. Das Leiden aber ist vom paßiblen unterschieden, jenes wirkt, dieses leidet. Die Körper wirken auch durch sich selbst. Entweder sind sie unbeweglich, oder bewegt; sie seyn aber, was sie wollen: so ist dies Leiden. Das Unkörperliche hingegen ist stets thätig, und eben darum auch paßibel. Laß dich also die Namen nicht irre machen, Wirkung und Leiden ist eins; doch ist es nicht übel, das schicklichere Wort zu gebrauchen. *)

Dies,

---

*) Die Beantwortung des Einwurfs gestehe ich gern, nicht zu begreifen. Der letzte Satz indessen, nebst einigen einzelnen andern, zeigen, daß er den Aristoteles, ohne ihn zu verstehen, geplündert hat. Wirken und Leiden, lehrt er, ist dem Wesen nach einerley, nur relative verschieden, wie der Weg von Athen nach Theben, und von Theben nach Athen. Veränderung ($\varkappa\iota\nu\eta\sigma\iota\varsigma$) nemlich überhaupt ist Wirklichkeit des möglichen, in so fern es möglich ist; welche von einem Subjekte in das andere übergeht; betrachtet man sie in den Wesen, wo sie ausgeht, so ist sie Wirken; in den, wohin sie geht, so ist sie Leiden. Lehren ist Wirken; Lernen, Leiden; der Uebergang der Kenntniß vom Lehrer zum Schüler ist die Veränderung; in so fern die Kenntniß vom Lehrer aus

Dies, mein Vater, hast du sehr deutlich erklärt. — Auch dies beherzige noch, mein Sohn, daß Gott den Menschen vor allen übrigen Thieren Verstand und Vernunft, der Unsterblichkeit gleiche Güter, geschenkt hat. Er besitzt auch noch die Sprache. Wer diese, wie er soll, anwendet, ist von den Unsterblichen nicht unterschieden, ja nach Verlassung des Körpers wird er von beyden in der Götter und der Seeligen Versammlung geführt werden. — Haben denn, mein Vater, die übrigen Thiere keine Sprache? —

Nein, Sohn, nur Stimme. Sprache aber ist von der Stimme sehr verschieden. Denn Sprache haben alle Menschen mit einander gemein, jedes Thier-Geschlecht aber hat seinen eigenen Laut. — Allein auch die Menschen haben ja, mein Vater, jede Nation ihre Sprache? — Eine verschiedene freylich, mein Sohn; allein der Mensch ist überall Mensch, also auch der innere Sinn derselbe. Sie wird übersetzt, und dieselbe in Aegypten, in Persien, und in Griechenland befunden.

Du scheinst, mein Sohn, der Vernunft Größe nicht zu kennen. Der seelige Gott, der gute Gott sagt, daß die Seele im Körper, der Verstand in der Seele, Vernunft im Verstande, wohnt, folglich Gott ihr Vater ist. Vernunft also ist des Verstandes Ebenbild; der Verstand, Gottes; der Körper, der Idee; die Idee, der Seele. Das Feinste

der

---

geht, ist sie Lehren; in so fern sie in den Lernenden eintritt, Lernen. Also Wirken und Leiden dem Wesen nach einerley, wie die Treppe hinauf und hinabgehen. (Aristot. Phys. III, 2. 3. und hierüber Simplicius vorzüglich.) Weil der Verf. diesen subtilen Begrif nicht fassen konnte: so gießt er nach seiner Art eine sinnlose Brühe darüber.

der Materie ist Luft; der Luft, Seele; der Seele, Verstand; des Verstandes, Gott. Gott umschließt und durchdringt alles; Verstand umschließt die Seele; Seele, die Luft; Luft, die Materie.

Nothwendig sind auch Vorsehung und Natur der Welt Werkzeuge, und der Ordnung in der Materie. Alles intellektuelle ist substantiell, und Unveränderlichkeit dessen Substanz. *) Alle Körper des Universum hingegen sind vielfach; denn da die einfachen Körper zugleich Unveränderlichkeit besitzen, und sich in einander verwandeln: **) so erhalten sie dadurch der Unveränderlichkeit Ewigkeit. ***) In allen andern zusammengesetzten Körpern hingegen hat jeder seine Zahl, weil ohne Zahl keine Zusammensetzung, Verbindung oder Trennung seyn kann. Die Einheiten zeugen und vermehren die

*) Substanz (ουσια) steht hier sichtbar für wahre unwandelbare Substanz. Des intellektuellen Substanz ist Einerleyheit, (ταυτοτης) das ist, Unveränderlichkeit. So sagt auch Plato im Timäus, daß die Welt-Seele, und mithin auch alle Thier-Seelen aus dem Unveränderlichen und Veränderlichen (ταυτου και ετερου) zusammengesetzt; und an mehrern Orten, daß die Ideen unwandelbare Wesen sind.

**) Einfache Körper απλα σωματα sind dem Aristoteles die vier Elemente; zusammengesetzte, die aus ihnen gebildeten. (de Cœl. I, 2.) Diese haben Unveränderlichkeit, in so fern sie unvergänglich sind; denn sonst verwandeln sich im Platonischen so wohl, als Aristotelischen Systeme die Elemente in einander.

***) τα συνθετα, gleich darauf εν τοις αλοις συνθετοις σωμασι, da doch noch keine bestimmt sind. Dies, und das schicklichere läßt mich ασυνθετα vermuthen.

die Zahl; wieder getrennt hingegen nehmen sie sie wieder in sich zurück. Auch die Materie ist eine. Diese ganze Welt aber, der große Gott, des grössern Bild, mit ihm vereinigt, und mit ihm des Vaters Ordnung und Willen beobachtend, ist des Lebens voll. *) In ihm ist nichts durch die ganze Ewigkeit, nichts in der väterlichen Wiederbringung, **) weder im Ganzen, noch in einzelnen Theilen, das nicht lebt. Nichts Todtes ist entstanden, vorhanden, und wird in der Welt vorhanden seyn. Leben wollte ihr der Vater, so lange sie da ist, mittheilen, und daher ist sie auch nothwendig Gott. ***) Wie könnte also, mein Sohn, in Gott, dem Bilde des Universum, der Fülle des Lebens, etwas Todtes seyn? Denn Leblosigkeit ist Untergang, Untergang aber Vernichtung; wie aber kann ein Theil des Unvergänglichen, etwas von Gott, vernichtet werden? —

Sterben aber nicht, mein Vater, die Thiere in der Welt, die doch ihre Theile sind? — Nicht so, mein Sohn, der Name dieses Vorfalls führt dich irre. Sie sterben nicht, mein Sohn, sondern werden, als zusammengesetzte Körper, aufgelöst. Diese Auflösung ist kein Tod, sondern Trennung des gemischten.

Sie

---

*) Man bemerke das ewige Schwanken; oben sagte er: der gute Dämon wäre erstgebohrner Gott; nach neu-Platonischen Systeme: hier nennt er die Welt Gottes Sohn, nach dem alt-Platonischen. Bey solchen Leuten sind alle Regeln der Hermenevtik unnütz.

**) $\alpha\pi o\kappa\alpha\tau\alpha\varsigma\alpha\sigma\epsilon\omega\varsigma$, wahrscheinlich vom großen Platonischen Jahre zu verstehen, wenn durch eine Rückkehr aller Gestirne an ihren ersten Platz, auch der Welt ehemaliger Zustand vollkommen wieder erneuert wird.

***) $\zeta\omega\iota$, Flussas $\zeta\omega\eta\nu$, dem Zusammenhange gemäßer.

Sie werden aber aufgelöst, nicht zur Vernichtung, sondern zur neuen Entstehung. Denn welches ist des Lebens Wirkung? Nicht Bewegung? Was also ist in der Welt unbewegt? Nichts, mein Sohn. — Hältst du denn nicht die Erde für unbewegt, mein Vater? — Nein, mein Sohn, vielmehr hat sie allein zugleich mancherley Bewegungen, und ruht doch. Wäre es nicht lächerlich, daß aller Ernährerin unbewegt seyn sollte, sie, die alles hervorbringt, und erzeugt? Unmöglich kann etwas ohne Bewegung hervorgebracht werden. Deine Frage wäre auch dennoch äußerst lächerlich, wenn auch nur der vierte Theil ruhend angenommen würde; denn Unbeweglichkeit des Körpers ist Unthätigkeit. Wisse also überhaupt, mein Sohn, daß sich in der Welt alles als wachsend und abnehmend bewegt. Was aber sich bewegt, lebt auch; doch muß nicht nothwendig alles Lebende einerley seyn. Die ganze Welt, mein Sohn, ist als Ganzes unveränderlich, alle ihre Theile hingegen sind veränderlich. Doch vergeht und vernichtet sich nichts; blos die Namen verwirren die Menschen. Nicht Entstehung ist Leben, sondern Empfindung; noch Verwandlung Tod, sondern Empfindungslosigkeit. Da dem nun so ist: so ist alles unsterblich; die Materie lebt, der Geist, der Verstand, die Seelen leben, als aus welchen jedes Thier besteht. *)

Jedes Thier folglich ist an sich unsterblich, **) vorzüglich aber der Mensch, als welchen die Gottheit bewohnt, und mit dem sie umgeht. Nur mit
diesem

---

*) ἐξ οὖ, Flussas ἐξ ὦν mit Recht.

**) δι' αὐτόν, durch wen? ich vermuthe, und dies scheint auch das Raisonnement zu wollen; δι' αὐτο.

diesem Thiere hat Gott Umgang, des Nachts durch
Träume, des Tages durch Zeichen; ihm sagt er
durch alles die Zukunft vorher, durch Vögel, durch
Eingeweide, durch Dünste, durch Eichen. *) Da=
her rühmt sich auch der Mensch, das Vergangene,
Gegenwärtige und Künftige zu wissen. Erwäge
auch dies noch, mein Sohn, daß jedes Thier in
einem Theile der Welt wohnt, die Fische im Was=
ser, die Land=Thiere auf der Erde, die fliegenden
in der Luft; der Mensch aber sich ihrer aller, der
Erde, des Wassers, der Luft, des Feuers bedient.
Auch den Himmel sieht er, ja er berührt ihn.

Gott ist um alles, und durch alles, denn er
ist Thätigkeit und Kraft. **) Gott zu begreifen,
ist nicht schwer, mein Sohn. Willst du ihn auch
schauen: so schaue die Ordnung der Welt und die
Schicklichkeit der Ordnung; schaue die Nothwendig=
keit aller Begebenheiten, und die Vorsehung in den
geschehenen und geschehenden Dingen; ***) schaue
die mit Leben angefüllte Materie, diesen so großen
Gott sich mit allem Guten und Schönen, Göttern,
Dämonen, und Menschen bewegen.

Das aber, mein Vater, sind nichts, als Wir=
kungen — Wenn auch Wirkungen, mein Sohn,
von wem werden sie anders, als von Gott, hervor=
gebracht? ****) Weißt du etwa nicht, daß, wie
Himmel, Erde, Wasser und Luft der Welt Glie=
der

*) διὰ πνεύματος, im delphischen Orakel, durch unter=
irrdischen Dunst, διὰ δρυος, im Dodonäischen, durch
gewisses Geräusch des Eichenlaubes.
**) ενεργεια γαρ εϛι δυναμις, es fehlt wohl και.
***) γενομενων, sicher γινομενων.
****) ὑπὸ τινος οὖν ενεργοῦνται; ὑπὸ ἄλλου θεοῦ;
nicht recht passend; er will Gottes Daseyn darthun;

der sind, *) so auch Leben, Unsterblichkeit, Kraft, Geist, **) Nothwendigkeit, Vorsehung, Natur, Seele, Verstand, dieser aller Fortdauer, das sogenannte Gute, Gottes Glieder sind? Und daß nichts Gegenwärtiges oder Vergangenes ist, wo Gott nicht sey? —

Also in der Materie, mein Vater? — Die Materie, mein Sohn, ist außer Gott, damit du ihr doch einen gewissen Ort anzuweisen wissest. Hältst du sie etwa für einen unwirksamen Klumpen? Wirkt sie aber, so bekommt sie ihre Wirksamkeit durch Etwas. Nun haben wir gesagt, daß die Wirksamkeiten Gottes Glieder sind. ***) Durch Jemand werden alle Thiere belebt, durch Jemand wird das Unsterbliche unsterblich gemacht; durch Jemand das Veränderliche verändert. Dies nun magst du, Materie, Körper, oder Substanz nennen: so wisse, daß auch sie Gottes Thätigkeiten sind. Die Materie wirkt Materialität, und der Körper Körperlichkeit; die Substanz Substantialität; und dies ist Gott, das All. Im Universum aber ist nichts nicht existierendes. Daher hat Gott auch keine Ausdehnung, keinen Ort, keine Qualität, keine Figur, keine Zeit. Denn er ist Alles. Das All aber durchdringt alles, und umschließt alles. Diese Rede, mein Sohn, bete an, und verehre sie. Es giebt aber nur eine Gottes-Verehrung, nicht lasterhaft seyn.

Drey=

also ist ὑπο ἀλλου θεου nicht gegen ihn. Ich vermuthe ὑπο τινος οὐν ἀλλου ενεργουνται, η ὑπο θεου;

*) μελη, Flußas μερη, richtig, wie die Folge zeigt.
**) αἱμα, Flußas πνευμα, besser.
***) μερη. Auch hier wohl, wie oben, μελη.

Dreyzehntes Hauptstück.

Hermes Trismegists geheimnißvolle Berg-Rede an seinen Sohn Tat über die Wiedergeburt und das Gelübde des Stillschweigens.

In deinen einzelnen Reden hast du, mein Vater, räthselhaft *) und nicht hell genug von der Gottheit gesprochen; du hast den Ausspruch nicht enthüllt, daß Niemand vor der Wiedergeburt zum Heil gelangen kann; obgleich ich auf dem Uebergange über den Berg mich dir zu Füssen warf, nach unserer Unterredung, und dich um Erklärung der Wiedergeburt bat, weil ich von ihr allein keinen Begrif habe. **) Damals sagtest du, du wolltest bey deinem Hingange aus der Welt mir es mittheilen. ***) Jetzt bin ich bereit, ich habe meinen Verstand vom Betruge der Welt entfernt; also ergänze meine Lücke in der Erkenntniß, durch Erfüllung des Versprechens mich von der Wiedergeburt zu unterrichten, es sey nun, daß du mir dies mit Worten, oder

---

*) γενικοις λογοις, besser vielleicht, wie oben, ενικοις, weil wir doch von den allgemeinen nichts wissen.

**) παλιγγενεσια wird hier von der innern Geistes-Besserung genommen, wie die Folge lehren wird. Die ganze Sache, nebst dem Ausdrucke, daß vor der Wiedergeburt kein Heil zu hoffen ist, und die Berg-Rede, lassen wohl keinen Zweifel übrig, daß dies nicht aus christlichem Systeme entlehnt seyn sollte.

***) οταν μελλης του κοσμου απαλλοτριουσθαι, scheint auf den Tod zu gehen.

oder heimlich mittheilst. *) Ich weiß nicht, o Trismegist, aus welcher Mutter, aus welchem Saamen der Mensch gezeugt ist. — **)

Sohn, die Weisheit erleuchtet im Stillen, der Saame ist das wahre Gute. — ***) Wer hat ihn gesäet, mein Vater? Dies alles ist mir unbekannt — Gottes Wille, mein Sohn. — Wer ist denn der gezeugte, mein Vater? Besitzt er nicht die in mir wohnende und intellektuelle Substanz: so muß der gezeugte Gott, Gottes Sohn, von ihm verschieden seyn. — Es ist das Universum, im All aus allen Kräften zusammengesetzt —. Du sagst mir ein Räthsel, o Vater, und redest nicht zu mir, wie ein Vater zum Sohn. — ****) Dies Geschlecht, mein Sohn, wird nicht durch Unterricht, sondern durch Gottes Erinnerung, wenn es will, belehrt. —

Was du da sagst, mein Vater, ist unmöglich und gezwungen; daher will ich gründlich widersprechen. Bin ich etwa kein wahrer Sohn in meines Vaters Hause? Mißgönne mir nichts, mein Vater, ich bin ein ächtes Kind; erkläre mir, wie die Wiedergeburt geschieht. — Was soll ich sagen, mein Sohn, ich kann nichts anders, als dies: ich sehe in mir ein unförmliches Bild entstehen. Aus Gottes

Hermes Trismegist.   H   Barm=

---

*) κρυβην, wohl durch ekstatische Rührung der Seele, die denn auch in der Folge nicht ausbleibt.

**) In gewöhnlicher Menschensprache: ich weiß nicht, von wem, und woraus das Menschengeschlecht hervorgebracht ist.

***) Das ist: der Urheber ist der höchste Gott, der uns einen Theil seines Wesens mittheilte.

****) So sehr Räthsel, daß alle Hermeneutik daran scheitert!

Barmherzigkeit, und mir selbst bin ich in einen unsterblichen Körper gegangen; und bin nicht der vorige, sondern im Geiste gebohren. *) Dies läßt sich Niemanden beybringen, dies aus Elementen geformte Werk kann es nicht sehen. Daher achte ich auch meine vorige zusammengesetzte Form geringe. Nicht in Ansehung der Farbe, der Berührung und der Größe bin ich jetzt anders. Du siehst mich, mein Sohn, mit den Augen, indem du mich mit deinem körperlichen Gesichte betrachtest; nicht aber mit diesen Augen sieht man mich, mein Sohn — Du versetzest mich, mein Vater, in nicht geringe Raserey und Schwärmerey; denn mich selbst sehe ich jetzt nicht. —— Möchtest du doch, o Sohn, aus dir selbst gehen, wie die Träumenden, doch ohne zu schlafen! —

Sage mir auch das noch, wer ist der Wiedergeburt Vater? — Gottes Sohn, der einzige Mensch durch Gottes Willen. — **) Jetzt machst du mich, mein Vater, ganz verstummen, von meinen vorigen Sinnen entfernt sehe ich deine Größe, mit dem Charakter selbst, und dem Irrthum darin. Der Sterblichen Gestalt verändert sich täglich, denn durch die Zeit nimmt sie ab und zu, als Irrthum. ***)

Was

---

*) Ein biblischer Ausdruck.

**) Nicht Eklektisch, vielmehr christlich, oder wenn man lieber will, Kabbalistisch.

***) Durch den Nebel schimmert folgendes: Wiedergeburt besteht darin, daß man der Ekstase fähig wird, und nach Beyseitsetzung aller körperlichen Sinne, nur mit Geistes-Augen sieht. Dadurch geht die Seele aus dem vergänglichen Körper in einen unvergänglichen, das ist, in den λογος selbst. Dieser λογος, Gottes Sohn, ist es,

Was ist also Wahrheit, o Trismegist? — Das unbefleckte, mein Sohn, das nicht begränzte, das nicht gefärbte, nicht mit Figur versehene, das unveränderliche, nackte, glänzende, nur sich selbst begreifliche, unwandelbare, gute, unkörperliche. — Ich bin wahrhaftig nicht bey mir, mein Vater! da ich glaubte, durch dich weise zu werden, so sind meine Sinne durch diesen Gedanken verschlossen — So ist es, mein Sohn, das eine steigt in die Höhe, wie das Feuer, das andere hinunter, wie die Erde, oder feucht, wie das Wasser, oder hauchend, wie die Luft. Wie willst du sinnlich erkennen, was nicht hart, nicht feucht, nicht in Gränzen eingeschlossen, nicht eindringend, nur durch Kraft und Wirksamkeit begreiflich ist?

Dir fehlt nur noch der Verstand, *) als welcher die Geburt in Gott begreifen kann. — So bin ich also unfähig dazu, mein Vater? — Mit Nichten, mein Sohn, ziehe ihn in dich, und er wird kommen; habe den Willen, und es geschieht; mache die körperlichen Sinne unthätig, und die Gottheit wird entstehen; reinige dich von den unvernünftigen Geisseln der Materie. — So habe ich denn Geissel in mir, mein Vater? — **) Nicht

wenige,

---

der uns zu sich hinaufzieht, also der Wiedergeburt Vater. In diesem Zustande unterscheiden wir die wahren immateriellen von den materiellen Schein-Wesen, und lernen unsern innern wesentlichen Charakter genau kennen. Man sieht mit andern Worten das theils oben Gesagte, theils auch aus den Neu-Platonikern Beygebrachte.

*) δεομενου δε του νου. Flussas sehr gut δεη μονου δα νου, das ist göttlicher Einfluß.

**) εν εαυτω εχω, sicher εμαυτω, so übersetzen auch Flussas und Ficin; vielleicht ists in beyden Ausgaben blos Druckfehler.

wenige, mein Sohn; sondern viele und fürchterliche — Die kenne ich nicht, mein Vater — Eine Geissel, mein Sohn, ist Unwissenheit; die andere, Schmertz; die dritte, Unmäßigkeit; die vierte, Begierde; die fünfte, Ungerechtigkeit; die sechste, Haabsucht; die siebente, Betrug; die achte, Neid; die neunte, List; die zehnte, Zorn; die eilfte, Unbesonnenheit; die zwölfte, Bosheit. Dieser sind zwar zwölf; sie haben aber viele andere unter sich, mein Sohn, und zwingen den innern Menschen durch das Gefängniß seines Körpers zu unangenehmen Empfindungen. *)

Sie entfernen sich aber nicht auf einmal von dem durch Gott begnadigten Menschen, und darin besteht der Wiedergeburt Art und Wesen. Nun schweige, mein Sohn, und preise. Eben deswegen wird auch Gottes Barmherzigkeit gegen uns nicht aufhören. Nun lebe wohl, mein Sohn, und reinige dich durch Gottes Kraft, zur Entwickelung der Vernunft. Uns ist Gottes Erkenntniß gekommen: und da sie gekommen ist, ist die Unwissenheit vertrieben. Uns ist die Erkenntniß der Freude gekommen: da sie gekommen ist; so wird, o mein Sohn, die Traurigkeit zu denen fliehen, die sie aufnehmen.

Zur Freude rufe ich der Mäßigkeit Kraft. O reizende Kraft, laß uns sie, mein Sohn, begierig aufnehmen. Wie hat sie nicht durch ihre Ankunft die Unmäßigkeit vertrieben. Viertens rufe **) ich die Mäßigung, die Macht über die Begierden. Diese Stufe, mein Sohn, ist der Gerechtigkeit Sitz,

---

*) διὰ τουτο δεσμωτηριον του σωματος, ohne Verbindung; vielleicht διὰ τε του etc.

**) Diese Stelle scheint voller Lücken.

Sitz, siehe, wie sie die Ungerechtigkeit aus der Crea=
tur verscheucht hat. Wir sind gerecht worden, o
Sohn, weil die Ungerechtigkeit entfernt ist. Sech=
stens rufe ich zu uns, die Kraft über die Haab=
sucht. Weil diese sich entfernt hat, so rufe ich nach
der Wahrheit; der Betrug flieht, die Wahrheit
kommt. Siehe, mein Sohn, wie sich das Gute
vervollkommnet, da die Wahrheit kommt! der Neid
hat sich von uns entfernt; und mit der Wahrheit
ist auch das Gute zugleich mit Leben und Licht ge=
kommen. Jetzt ist keine Geissel der Finsterniß mehr
da, sie sind davon geflogen, durch das Geprassel
des Angriffes besiegt.

Jetzt weißt du, mein Sohn, der Wiederge=
burt Beschaffenheit. Durch Ankunft der Dekade
ist die intellektuelle Geburt verrichtet. Diese ver=
treibt die Zahl Zwölfe, und wir sind durch die Ge=
burt Anschauer geworden.*) — Wer nun durch
Barmherzigkeit der Geburt in Gott theilhaftig wor=
den ist, der entzieht sich der körperlichen Empfin=
dung, erkennt, daß er aus Sinnen besteht, und
freut sich, von Gott unverführbar gemacht zu
H 3 seyn. —

*) και την δωδεκατην εξελαυνει, και εθεωρηθη-
μεν τη γενεσει, verstehe ich nicht, doch habe ich nach
Flussas übersetzt. Bekanntlich ist zehn der Pythagoreer
und Neu=Platoniker vollkommenste Zahl, weil wir bey
ihr im Zählen allemal umkehren; — und aus andern
Ursachen mehr, die ich anderswo berührt habe. Ver=
muthlich also stellte sich der Verfasser die Sache so vor:
durch die Dekade müssen wir vollkommen werden, also
giebt es zehn Tugenden, deren Besitz uns vollkommen gott=
gefällig macht, und die die zwölf oben genannten Haupt=
laster vertreiben. Ob dies eigene, oder erborgte Ge=
danken sind, erlaubt meine wenige Belesenheit nicht zu
bestimmen.

seyn. — Mein Vater, ich stelle mir vor, nicht durch den Anblick der Augen, sondern durch Kräfte in intellektueller Wirksamkeit, daß ich im Himmel bin, *) auf Erden, im Wasser, in der Luft, in den Thieren, in Pflanzen, in Mutterleibe, vor dem Mutterleib, nach dem Mutterleibe, überall.

Sage mir aber das noch, wodurch werden der Finsterniß Geissel, zwölf an der Zahl, von den zehn Kräften vertrieben? Wie geht dies zu, mein Trismegist? — Jene Hütte, die wir durchwandelt haben, besteht aus dem Thier=Kreise, **) und dieser besteht aus zwölf Zahlen, alle einer Substanz, aber zahlloser Gestalten. Den Menschen irre zu führen, sind hier unterschiedene Plätze, ***) die aber

---

*) φαντάζομαι — εν ουρανω ειμι, es fehlt zuverläßig ὅτι.

**) ζων φορου κυκλου; dunkel, man nehme dazu, daß dieser Kreis aus zwölf Wesen zu bestehen gesagt wird: so wird man nicht umhin können, ζωοφορου zu vermuthen. Und das ist der Thier=Kreis; nun also haben wir einen Sinn. Nach einer schon beygebrachten Bemerkung besteht die Seele aus Theilen aller Welt=Substanzen; wenn sie sich von der Welt=Seele losreißt, durchwandert sie den Thier=Kreis, um auf die Erde zu kommen, nimmt also von allen zwölf Zeichen des Thier=Kreises Theile mit sich, daher die zwölf Untugenden.

***) διαζυγαι. Dies Wort kenne ich nicht: aus dem Zusammenhange läßt sich der bestimmte Sinn auch nicht errathen. Die Wesen des Thier=Kreises bestehen alle aus einer Substanz, doch aber haben sie nicht einerley Beschaffenheiten. Der Thier=Kreis ist doch über dem Monde, und da ist alles göttlich unwandelbar; welchem Systeme hier der Verf. oder welcher Erklärungs=Art er gefolgt ist, weiß ich nicht.

aber in der That selbst vereinigt sind. Vom Zorn ist Unbesonnenheit unzertrennlich, doch giebt es auch unbestimmte. *) Natürlicherweise also entfernen sie sich von der gesunden Vernunft, wie sie auch von den zehn Kräften, das ist, der Dekade, vertrieben werden. Denn die Zehn, mein Sohn, ist Seelen=Erzeugerin. Leben und Licht sind da vereinigt, wo der Einheit, des Geistes, Zahl vorhanden ist. Mit Recht folglich hat die Einheit die Dekade, und die Dekade die Einheit. **)

Vater, ich sehe das All, und mich im Verstande — Dies, mein Sohn, ist die Wiedergeburt, daß man sich nicht in dem, mit drey Dimensionen versehenen Körper vorstellt, durch diese Rede, die ich von der Wiedergeburt ausgeführt habe, damit wir nicht bey dem großen Haufen des Universums Verläumder seyn, bey dem wir es nach Gottes Willen nicht seyn sollen. ***)

Sage mir, Vater, wird dieser aus Kräften zusammengesetzte Körper einmal aufgelöst? — Drücke dich besser aus, und rede nichts Unmögliches, sonst wirst du sündigen, und das Auge deines Verstandes wird gottlos werden. Der sinnliche natürliche Körper ist weit von der substantiellen Geburt entfernt. Jener ist trennbar, dieser unauflöslich; jener sterblich, dieser unsterblich. Weißt du nicht, daß du Gott bist, der Sohn des Einen, wie ich? —

Vater,

*) Dunkel!

**) Diese Theorie verstehe ich nicht: in dem was die Pythagoreer, wahre und angebliche, von den Zahlen lehren, besinne ich mich auf nichts ähnliches. Den Pythagoreern bedeutet sonst die Tetraktys, Seele.

***) αυτους, Flußas αυτος, richtiger. Auch dies räthselhaft.

Vater, ich wünschte den Lobgesang, den du von den Kräften gehört zu haben sagtest, als ich in der Zahl acht gebohren wurde. — Wie Poemander die acht geweissagt hat, so thust du wohl, daß du die Hütte zu zerbrechen suchst, denn du bist gereinigt. Poemander, des Selbstständigen Verstand, hat mir nichts mehr, als das hier geschriebene, mitgetheilt, weil er wohl wußte, daß ich alles, was ich verlange, durch mich selbst würde begreifen, hören, und sehen können. Er hat mir die Macht gegeben, das Gute zu thun, daher singen in allen Dingen die in mir befindlichen Kräfte — Dies, mein Vater, wünsche ich zu hören und zu begreifen — Sey still, mein Sohn, und höre den harmonischen Preis, den Lobgesang der Wiedergeburt, den ich nicht für gut hielt, dir eher, als am Ende meiner Reden, mitzutheilen. Daher wird auch dieser nicht bekannt gemacht, sondern mit Stillschweigen bedeckt. Auf diese Art, mein Sohn, stelle dich an einen freyen Ort, schaue nach Süden, und bete bey Sonnen-Untergang; bey Sonnen-Aufgang aber gegen Nord-Osten. Stille also, mein Sohn.

Geheimer Lobgesang.

Jedes Wesen der Welt vernehme des Lobgesangs Ton! öfne dich, Erde, thue dich auf, Riegel des Regens; ihr Bäume, bewegt euch nicht. Ich will den Herrn der Schöpfung, und das All, und die Einheit besingen. Thut euch auf, ihr Himmel; ihr Winde, seyd still. Der unvergängliche Kreis Gottes nehme auf meine Rede. Denn ich will den
Schöpfer

Schöpfer aller Dinge besingen, ihm, der die Erde befestigt, den Himmel erhöhet, der dem Wasser befohlen hat, aus dem Ocean süß sich zum Unterhalt und Gebrauch *) aller Menschen, über bewohntes und unbewohntes Land, zu verbreiten. Der dem Feuer vorgeschrieben hat, zu allen Verrichtungen Göttern und Menschen zu leuchten. Laßt uns alle zugleich Preis geben ihm, dem über die Himmel erhabenen, dem Schöpfer der ganzen Natur. Er ist des Verstandes Auge, er nehme meiner Kräfte Preis an. Ihr, meine Kräfte, lobsinget dem Einen, und dem All; singt in meinen Wunsch alle, ihr meine Kräfte. Du, heiliges Anschauen, von dir erleuchtet, durch dich das intellektuelle Licht besingend, freue ich mich in des Verstandes Freude. Ihr alle, meine Kräfte, lobsinget mit mir. Auch du, Enthaltsamkeit, singe mir. Gerechtigkeit, meine Gerechtigkeit, lobsinge durch mich. **) Du, Gemeinschaft in mir, lobsinge dem All; Wahrheit, lobsinge durch mich der Wahrheit; du, o Güte, lobsinge dem Guten. Leben und Licht, von euch geht der Lobgesang zu euch.

Ich danke dir, Vater, du Wirksamkeit aller Kräfte; ich danke dir, Gott, du Kraft meiner Kräfte. Deine Vernunft preiset dich durch mich, durch mich nimm alles in Vernunft an, das vernünftige Opfer. So rufen die Kräfte in mir, dich, das All, preisen sie, deinen Willen vollbringen sie. Dein Wille von dir, zu dir kehrt alles zurück. Nimm an

---

*) κησον, unschicklich, vielleicht χησον. Der Schöpfer ist wohl hier der λογος, der Gottheit andere Person, kurz, Poemander.

**) ὑμνεῖ, nach der Verbindung besser ὑμνει.

an von allen vernünftiges Opfer. Erhalte, o Leben, das in uns wohnende All, erleuchte uns, Licht, Geist Gottes! Denn deinen Verstand weidet das Wort, *) o Geist gebender Schöpfer! Du bist Gott, dein Mensch ruft dies aus; durch Feuer, durch Luft, durch Erde, durch Wasser, durch Geist, durch deine Geschöpfe. Von deiner Ewigkeit habe ich Preis erhalten, und in allem, was ich begehre, verlasse ich mich auf deinen Willen. —

Durch deinen Willen habe ich diesen Lobgesang, o Vater, gesprochen, ich habe ihn in meiner Welt bewahrt — Sage in der intellektuellen, mein Sohn. **) In der intellektuellen kann ich's, mein Vater. Durch deinen Lobgesang und deinen Preis ist mein Verstand erleuchtet; nun will ich auch ***) aus meinem eigenen Herzen einen Preis zu Gott hinaufschicken. — Nicht unüberlegt, mein Sohn — Im Geiste, mein Vater. Was ich sehe, sage ich dir, du Vater aller Wesen, ich, Tat, schicke zu Gott vernünftiges Opfer. Du, Gott, bist Vater, du Herr, du Verstand. Nimm von mir hin vernünftiges Opfer, das du von mir begehrest; denn dein Wille geschieht. — Du, o Sohn, schicke zu Gott, dem All=Vater, angenehmes Opfer, setze aber hinzu, mein Sohn, durch den Verstand. — Habe Dank, Vater, daß du mir diese Vorschrift zu beten gegeben hast. — Ich freue
mich,

---

*) Heißt, wo ich nicht irre, der Verstand bringt das Wort hervor, und erhält es. Mehrere Stellen dieses Gesanges verstehe ich, (weil sie verdorben, oder schief gesagt sind?) nicht.

**) Hier ist der Gesang zu Ende; Hermes und Tat reden weiter. So auch Ficin.

***) πλην, Fluſſas beſſer, πλεον.

mich, mein Sohn, daß du aus Wahrheit Frucht
gebracht haſt, die gute, die unvergängliche Frucht.
Da du von mir dieſe Kraft gelernt haſt: ſo ver=
ſprich Stillſchweigen, o Sohn, offenbare keinem
die Lehre von der Wiedergeburt, *) damit wir nicht
für Tadler gehalten werden. Wir beyde haben uns
genug angeſtrengt, ich im Reden, du im Hören;
du haſt im Verſtande dich ſelbſt und unſern Vater
erkannt.

Vierzehntes Hauptſtück.
Hermes Trismegiſt wünſcht dem Aeskulap
richtig zu denken.
Beweis von Gottes Daſeyn, Unterſchied des
Werks und Urhebers.

Da mein Sohn Tat in deiner Abweſenheit der
Dinge Natur kennen lernen wollte, und mir
keinen Aufſchub gab, als Sohn und Jüngling, der
jetzt zur Kenntniß aller Dinge fortſchreitet; ſo muß=
te ich weitläuftiger ſeyn, damit er meinen Betrach=
tungen folgen könnte. Dir aber will ich die vor=
nehmſten Hauptſtücke davon in der Kürze mitthei=
len, aber in einer geheimnißvollern Einkleidung,
weil du ſchon ſo alt, und der Natur kundig biſt.

Iſt alles, was wir ſehen, entſtanden, und
entſteht es noch; entſteht alles entſtandene nicht
durch ſich ſelbſt, ſondern durch einen andern; ſind
der entſtandenen Dinge viel, oder vielmehr, iſt alles
ſicht=

---

*) επαγγειλε, Fluſſas επαγγειλαι, warum, ſehe ich
nicht.

sichtbare, alles von sich selbst verschiedene, und sich selbst ungleiche, entstanden; und entsteht alles durch einen andern: so existiert ein Urheber aller Dinge, und dieser ist nicht entstanden, damit er älter sey, als das entstandene. Denn was entstanden ist, behaupte ich, von einem andern entstanden zu seyn; nun aber kann nichts älter, als alles entstandene, seyn, denn nur das nicht entstandene.

Dieser ist grösser, Einer, er allein ist allweise, weil nichts älter ist, als er. Er herrscht über die Menge und über die Grösse, und über die Verschiedenheit entstehender Dinge, und über seines Werkes Fortdauer. Ferner ist das entstandene sichtbar, Er aber unsichtbar, denn eben darum schaft er, um unsichtbar zu seyn. Er schaft also stets, folglich ist er unsichtbar. So muß man ihn sich vorstellen, dann ihn bewundern; und nach Bewunderung sich selbst glücklich preisen, daß man den Vater erkannt hat.

Denn was ist süßer, als ein wahrer Vater? Wer aber ist Er, und wie sollen wir Ihn erkennen? Ihm allein kommt entweder der Name Gott, oder Schöpfer, oder Vater, oder alle drey zu. *) Gott wegen seiner Macht; Schöpfer wegen seiner Wirkung; Vater wegen des Guten. Die Macht ist von dem entstandenen verschieden; die Wirkung aber darin, daß alles entsteht. Also muß man mit Beyseitsetzung der vielen und vergeblichen Worte nur diese beyden Wesen annehmen, das entstandene, und dessen Urheber. Zwischen ihnen ist nichts, noch auch ein drittes.

Bey

---

*) μονω. Flussas μονου, gegen den Zusammenhang, er gestehet ihm ja alle drey Namen zu.

Bey allem also, was du denkst, bey allem, was du hörst, denke diese beyden Wesen. Glaube, daß sie alles sind, und laß dich durch nichts, es sey oben, oder unten, göttlich, oder veränderlich, oder verborgen, hierin zweifelhaft machen. Zwey sind Alles; das entstandene, und das wirkende. Eins kann vom andern nicht getrennt werden, weder der Urheber ohne sein Werk, noch das Werk ohne den Urheber existieren, *) weil jedes Wesen eben hierin besteht, und daher keins vom andern sich trennen läßt. **)

Denn ist der Wirkende nichts anders, als nur wirkend, einfach, ohne Zusammensetzung; so muß er nothwendig das wirken, wodurch das Wirkende dem Gewirkten Entstehung giebt. ***)

Un=

---

*) Vermuthlich ist hier der Satz ουτε το γινομενον χωρις του ποιουντος ausgefallen, wenigstens gehört er durchaus in den Zusammenhang.

**) ουκ εσι το ετερον ετερου χωρισθηναι, αλλ' αυτο εαυτου. Von sich selbst? Welche Ungereimtheit. Flußas ipsum in se ipso est; gegen die Worte. Ficin, quemadmodum neutrum a se ipso diuidi licet, auch gegen die Worte. Vermuthlich ist dies Einschiebsel; ich sehe nicht, wozu es nutzt.

***) ποιειν αναγκη τουτο αυτο εαυτω, ω γενεσις εσι το ποιουν του ποιουντος. Flußas facere hoc ipsum sibi necessarium est, cui facientis generatio est ipsum efficiens. Cimmerisch dunkel! Ficin. heller, aber nicht nach den Worten. Er will darthun, daß beyde Wesen unzertrennlich sind, also müßte er zeigen, daß die Ursache nicht seyn kann, ohne zu wirken, und dies würde mit kleiner Veränderung so lauten: ποιειν αναγκη τουτο αυτο, ω γενεσις εσι το ποιουν του ποιηματος.

Unmöglich kann das Entstandene durch sich selbst entstehen, vielmehr was entsteht, muß durch etwas anders entstehen. Ohne wirkende Ursache entsteht und existiert das Entstandene nicht; weil eins ohne das andere sein eigenthümliches Wesen verliert, indem es des andern beraubt wird. Ists also ausgemacht, daß zwey Wesen da sind, das entstehende, und das wirkende: so sind auch beyde mit einander vereinigt, das eine aber geht vor, das andere folgt. Vorher geht Gott, der Urheber, nach folgt das Entstehende, was es auch sey.

Laß dich der entstehenden Mannichfaltigkeit nicht in Besorgniß und Furcht setzen, Gott dadurch zu erniedrigen und zu entehren. Seine Ehre besteht nur darin, alles hervorzubringen, und Gottes Körper ist gleichsam sein Werk. In seiner Wirksamkeit ist nichts Böses, noch Unanständiges. Diese Beschaffenheiten folgen dem entstehenden Wesen, wie Rost dem Kupfer, Schmutz dem Körper. Der Kupferarbeiter macht den Rost nicht, der Werkmeister hat den Schmutz nicht hervor gebracht, noch Gott das Uebel. Vielmehr macht die Fortdauer der Schöpfung, daß dies gleichsam daraus hervor sproßt, und darum hat auch Gott die Veränderung, gleichsam zur Reinigung der Schöpfung, eingeführt. *)

Ferner kann derselbe Mahler Himmel, Götter, Erde, Meer, Menschen, und alle unvernünftige Thiere abbilden; und Gott sollte dies nicht hervorbringen können? Welcher Unsinn und Unverstand,

in

---

*) Aus stoischem Systeme entlehnt, nach welchem das Uebel aus dem Guten selbst, als unzertrennliche Folge, hervorquillt.

in Ansehung Gottes! Solche verfallen in die äußer=
ste Ungereimtheit. Sie geben vor Gott dadurch zu
erheben, daß sie ihm nicht die Hervorbringung aller
Dinge zuschreiben, und kennen Gott nicht. Außer
daß sie ihn verkennen, begehen sie auch noch die
größte Lästerung gegen ihn, indem sie ihm Stolz
und Ohnmacht zu Eigenschaften geben. Denn
bringt er nicht alles hervor: so ist er entweder stolz,
oder ohnmächtig, welches gotteslästerlich ist.

Gott hat nur eine Eigenschaft, die Güte; wer
aber gütig ist, ist weder stolz, noch ohnmächtig.
Gott ist dies; denn Güte ist alle Macht, alles her=
vorzubringen. Alles Entstandene aber ist durch
Gott entstanden, das ist, durch das Gute, und
den, der alles hervorbringen kann. Schaue, wie
er es hervorbringt, wie alles entsteht, und willst du
es begreifen: so kannst du ein sehr schönes und ähn=
liches Bild davon sehen. Betrachte einen Ackers=
mann, der Saamen in die Erde streut, hier Gerste,
dort Weizen, dort einen andern Saamen. Betrachte ihn, wenn er den Weinstock pflanzt, einen
Apfelbaum, und andere Bäume. So säet Gott
im Himmel Unsterblichkeit, auf Erden Veränderung;
im Universum Leben und Bewegung. Dies sind
nicht viele, sondern wenige und leicht zu überzählen=
de Dinge. Alles besteht in vier Wesen, Gott selbst,
und die Entstehung; durch sie besteht alles. *)

Fünf=

*) Hier ist wohl etwas ausgefallen.

Funfzehntes Hauptstück.
Hermes an den Tat; aus Johann von Stobj Sammlung.

Alles auf Erden ist, weil nicht unveränderlich, nur Scheinwesen.

Von der Wahrheit zu reden, darf, mein Tat, der Mensch, dies mangelhafte, aus mangelhaften Theilen bestehende Thier, dessen Hülle *) aus manchen und verschiedenartigen Theilen zusammengesetzt ist, nicht wagen. Was ich sagen kann und darf, sage ich jetzt, daß die Wahrheit sich nur in den ewigen Körpern findet, **) als deren Körper auch selbst wahrhaftige Körper sind; dort ist das Feuer nur wesentliches Feuer, und nichts anders; die Erde wesentliche Erde, und nichts anders; die Luft wesentliche Luft. ***) Unsere Körper hingegen bestehen aus diesen allen, aus etwas Feuer, etwas Erde, etwas Wasser, und Luft,

---

*) σκηνος, so nennen auch Pythagoreer den Körper. (Timæus Locr. p. 564. ap. Gale Opusc. Mythol.)

**) Die ewigen Körper sind die Gestirne; nach Pythag. Heraklit, Plato, ist unter dem Monde alles veränderlich, vergänglich, deswegen nicht wahrhaft existierend; also nur Scheinwesen, nichts Wahres. Dort oben hingegen, in den ewigen, unwandelbaren Gestirnen, und unter ihren Bewohnern, Thorheit, Wahrheit.

***) αυτοπυρ u. s. w. Eine zuerst vom Plato eingeführte, hernach auch vom Aristoteles angenommene Sprache. Beyde sprechen von αυτοον, αυτοανθρωπος, letzterer nennt es auch ὁπερ ον, das Wahre, Wesentliche, Reelle, im Gegensatze des Scheines. (Aristot. Phys. I, 3. und Themist. und Simplic. über diese Stelle.)

Luft, ohne Feuer, oder Erde, oder Waſſer, oder Luft, oder irgend etwas Wahres zu ſeyn. Iſt nun in unſerer Zuſammenſetzung *) durchaus nichts Wahres, wie ſollten wir denn Wahrheit ſchauen, oder reden können? **). Nur denken können wir ſie, wenn Gott will. Alles alſo auf Erden, mein Tat, iſt nicht Wahrheit, nur Nachbildung der Wahrheit. Auch dies nicht einmal alles, ſondern nur etwas weniges; alles übrige hingegen Falſchheit und Irrthum, und leere, Schattenbildern gleiche, Vorſtellung. ***)

Bekommt aber unſere Denkkraft Einfluß von oben: ſo bildet ſie die Wahrheit nach; ohne dieſe Einwirkung von oben bleibt nichts, als Falſchheit zurück: wie auch das Bild den a(gemahlten Körper darſtellt, aber ſelbſt in der Vorſtellung des anſehenden kein Körper iſt. Man ſieht an ihm Augen, aber es ſieht nicht; Ohren, aber es hört nicht; auch alle übrige Gliedmaßen hat das Bild. Dennoch iſt es falſch, und betrügt der Zuſchauer Augen, weil ſie Wahrheit zu ſehen glauben, da doch alles nichts, als Falſchheit iſt. Welche alſo keinen Irrthum ſehen, die ſehen Wahrheit; denken oder ſehen wir folglich jedes, wie es iſt: ſo denken und ſehen wir Wahrheit; wo nicht: ſo können wir nichts Wahres weder denken, noch erkennen. —

Hermes Trismegiſt.   J   So

*) ςασις, beſſer wohl συςασις.

**) δυναιντο, paßt nicht im Zuſammenhang; bequemer δυνατον, oder δυναμεθα.

***) Alles iſt Nachahmung der Wahrheit, weil alles nach dem Vorbilde der Ideen, jener ewigen Urbilder aller Wahrheit, und den intellektuellen Weſen höherer Welten gemacht iſt; wie Plato und ſeine neuern Nachfolger lehren.

So giebt es denn, mein Vater, auf Erden Wahrheit? — Dein Irrthum, mein Sohn, ist nicht unüberlegt. Wahrheit ist zwar auf Erden nirgends, denn dies ist unmöglich; daß aber einige Menschen, denen Gott die Kraft, ihn zu schauen, schenket, etwas von der Wahrheit denken, ist möglich. *) Wahrheit selbst ist also nicht auf Erden im Verstande und der Vernunft; alles ist Vorstellung und Meynung im wahren Verstande und der wahren Vernunft. Etwas Wahres denken und sagen, muß man also nicht Wahrheit denken nennen **) — Und wie denn? — Was wahrhaftig existiert, muß man denken und nennen; auf Erden aber ist nichts Wahres — Ist denn das wahr, daß

---

*) Θεοπτικην δυναμιν Wie Mallebranche sagt, daß wir alles in Gott sehen, so auch Plato, noch mehr seine neuern Nachfolger. Jener, wer sich selbst kennen will, muß denjenigen Theil der Seele betrachten, worin Weisheit und Verstand wohnt, also ihren göttlichen Theil, also die Gottheit selbst; auf die Gottheit also und ihren Glanz müssen wir stets blicken. (Plat. Alcibiad. I. p. 449. Ficin.) Auch aus dem Grunde, weil die Ideen, aller Wahrheit Grundlage, und nur allein wahrhafte Wesen, im göttlichen Verstande wohnen. Dieses Gottes Anschauen, die Ekstase, ist aller Weisheit Gipfel. (Plotin. Ennead. VI, IX, 9.) Von ihr spricht schon Plato im Phädo, doch noch nicht mit allen Bildern und Zusätzen seiner Nachfolger; die hieraus ihrer Philosophie unterscheidenden Charakter machten.

**) Die Stelle mit vielen Dunkelheiten umwölkt, vielleicht auch nicht ganz richtig. So viel sieht man, er sucht durch eine Distinktion dem Einwurfe auszuweichen. Wahrheit selbst ist auf Erden nicht, aber etwas Wahres läßt sich doch erkennen. Ein neuerer Philosoph drückt dies so aus: wir erkennen die unendliche Wahrheit endlich. (Hennings Philosophisch. Versuche. Th, I. S. 1. u. s. w.)

131

daß man nichts Wahres weiß? — Wie könnte wohl hier etwas Wahres seyn, mein Sohn? Wahrheit ist die höchste Vollkommenheit, das erhabenste Gut, das nicht von der Materie befleckt, noch von einem Körper umschlossen wird, rein, glänzend, unveränderlich, erhaben, unwandelbar, gut. Sollten wohl irrdische Dinge, wie wir sie sehen, veränderlich, zerstörbar, wandelbar, stets verändert, in steter Folge andere Gestalten annehmend, dies Gut fassen können?

Was in Rücksicht auf sich nicht wahr ist, wie kann es wahr seyn? *) Alles sich Verändernde ist falsch, weil es nicht in einerley Zustande bleibt, sondern seine Gestalten abwechselt, und uns stets andere zeigt. — So ist auch der Mensch nichts Wahres, mein Vater? — Als Mensch nicht, mein Sohn; weil wahr ist, was nur aus sich selbst besteht, und wie es ist, stets bleibt. Der Mensch aber besteht aus vielen Dingen, und bleibt nicht derselbe; er verändert und verwandelt sich von einem Alter zum andern, von einer Gestalt in die andere, und zwar, so lange er noch in der Hütte ist. Viele haben, nach Verlauf einer kleinen Zwischenzeit, ihre Kinder nicht erkannt, umgekehrt, auch Kinder die Eltern nicht. Was sich so verändert, daß man es nicht mehr kennt, wie kann das, o Tat, wahr seyn? Ist nicht vielmehr, was in vielerley Gestalten erscheint, falsch? **) Du hingegen halte nur das für wahr, was bleibt und gerecht ist; der Mensch aber ist nicht immer; also auch nichts Wahres;

J 2 son=

---

*) ἃ μήτε πρὸς ἑαυτὰ ἀληθῆ ἐστί. Was sich verändert, ist gegen sich selbst nicht stets gleich; also auch gegen sich selbst nicht wahr.

**) τουναντίου, nach dem Zusammenhange τουναντίον.

sondern nur Scheinwesen, *) und Scheinwesen sind vollkommene Falschheiten. —

So sind aber auch die ewigen Körper, weil sie sich verändern, nicht wahr? — Alles Veränderliche und Entstandene ist nicht wahrhaft; aber bey seiner Entstehung kann es vom Urvater wahre Materie empfangen haben. **) Doch hat auch dies in der Veränderung etwas falsches, weil nichts, was sich nicht selbst gleich bleibt, wahr ist. — Wahrhaft, mein Vater? Was soll man also von der, sich vorzüglich vor allen andern nicht verändernden, sondern sich gleich bleibenden Sonne sagen? — daß sie Wahrheit ist. Daher ist auch ihr nur die Hervorbringung aller Wesen in der Welt anvertraut, sie beherrscht alles, bildet alles. Sie verehre ich auch, und bete ihre Wahrheit an, und erkenne sie, nächst dem Einen und Ersten, für Schöpfer. —

Was also nennst du denn die erste Wahrheit, mein Vater? — Den Einen und Einzigen, o Tat,

---

*) Φαντασία τις ἐστί. Blos Vorstellung? das nicht, ein Idealist ist doch der Verf. nicht; also Scheinwesen, doch nicht ohne alle Realität. Freylich wird das Wort ungewöhnlich genommen, aber das ist so späten, und noch dazu wahrscheinlich nicht Griechisch gebohrnen Schriftstellern nichts ungewöhnliches.

**) ὕλην ἀληθῆ, das ist, nach dem oben gesagten, reine unvermischte Elemente. Auch dies aus Griechenlands älterer Philosophie; Ocellus von Lukanien, und Aristoteles erklären der Elemente Wandelbarkeit daher, daß jedes Element mehr als eine Eigenschaft hat, und folglich, so bald zwey von entgegengesetzten Eigenschaften zusammen kommen, und eine die andere überwältigt: so verwandelt eins das andere in sich. Ocell. Lucan. ap. Gale Opusc. Mythol. p. 522, wo auch die Stellen aus dem Aristot. angeführt stehen.) Wären sie also simpel, ohne Zusammensetzung, sie würden unwandelbar seyn.

tät, der nicht aus Materie besteht, der in keinem
Körper wohnt, der keine Farbe, keine Figur hat,
der unveränderlich, unwandelbar, und ewig ist.
Falschheit, mein Sohn, vergeht; die Wesen auf
Erden hat Verderben ergriffen, umschließt sie, und
wird sie durch der Wahrheit Vorsehung umschlief=
fen. *) Denn ohne Untergang kann keine Entste=
hung seyn; und auf jede Entstehung folgt Verge=
hung, damit wieder etwas entstehe, weil, was ent=
steht, aus dem vorhergehenden nothwendig entste=
hen; und das Entstehende vergehen muß, damit
die Entstehnng nicht aufhöre. Zuerst also denke
dir bey der Entstehung den Schöpfer. **) Was
folglich aus Vergehung entsteht, ist nicht wahrhaft,
weil es bald so, bald anders wird, indem es un=
möglich stets dasselbe wieder werden kann. Was
nun nicht dasselbe ist, wie kann das wahrhaft seyn?
Solche Dinge also muß man Scheinwesen nennen,
mein Sohn; und mit Recht können wir daher den
Menschen des Menschen=Wesens Schein; ***) das
Kind des Kindes=Wesens Schein; den Jüngling
des Jünglings Schein; den Alten des Alten Schein
heissen. Denn der Mensch ist nicht wahrer Mensch,
das Kind nicht wahres Kind, der Jüngling nicht
wahrer Jüngling, der Alte nicht wahrer Alter, der
Mann nicht wahrer Mann. Durch Veränderung
neh=

---

*) εμπεριεξει ἡ του αληθους προνοια. Nicht passend,
wie wenn τη του? u. s. w.

**) Dies gehört nicht ins Raisonnement, und reißt den
Faden ab; also wahrscheinlich Randglosse.

***) ες γε ορθως προσαγορευομεν, giebt keinen Zu=
sammenhang; wie wenn και ορθως γε προσαγο=
ρευοιμεν?

nehmen sie falschen Schein, so wohl vom vorhergehendem, als wirklich entstandenem, an. *) Dies also, mein Sohn, stelle dir so vor, daß auch diese falschen Wirkungen oben aus der Wahrheit selbst entspringen; und demnach behaupte ich, daß Schein der Wahrheit Wirkung ist.

Hermes an Tat.
Gott ist unbegreiflich.

Gott sich vorzustellen, ist schwer; ihn zu beschreiben, unmöglich. Denn Unkörperliches kann durch Körper nicht ausgedrückt; das Vollkommene durch das Unvollkommene nicht begriffen, das Ewige mit dem Vorübergehenden nicht verbunden werden. Jenes ist stets, dies geht vorüber; jenes ist wahrhaftig, dies wird vom Scheine verdunkelt; und das Schwächere ist vom Stärkern; das Geringere vom Bessern eben so sehr abstechend, als das Sterbliche vom Göttlichen. Ihre Entfernung von einander verdunkelt den Anblick des Schönen. Durch Augen ist das Körperliche sichtbar; durch die Zunge das Sichtbare nennbar; das Unkörperliche aber, Unsichtbare, Gestaltlose, und nicht aus Materie Bestehende, kann von unsern Sinnen nicht gefaßt werden. Ich begreife, mein Tat, ich begreife, was ich nicht aussprechen kann, dies ist Gott.

Aus

---

*) Weil der Mensch nach der Idee des Menschen gemacht, und jene Idee im göttlichen Verstande eigentlich wahre Substanz ist. Dieser Schein ist aus dem Vergangenem und Gegenwärtigem zusammengesetzt, weil nach Heraklit, und nerach auch Plato, alles in stetem schnellem Flusse, folglich das Gegenwärtige vom Vergangenem nie genau geschieden, folglich aus Vergangenem und Gegenwärtigem gemischt ist.

Aus Hermes.

Jetzt muß ich vom Tode reden. Den großen Haufen erschreckt der Tod, als das größte Uebel, weil sie ihn nicht kennen. Der Tod ist des kranken Körpers Auflösung. Ist die Zahl der körperlichen Bande voll: (denn des Körpers Zusammenhang ist eine Zahl) so stirbt der Körper, wenn er den Menschen nicht mehr fassen kann. *) Und dies ist der Tod, Auflösung des Körpers, und Aufhebung körperlicher Empfindung.

Sechzehntes Hauptstück.

Aeskulaps Definitionen an den König Ammon.

Von Gott, der Materie, dem Fatum, der Sonne, dem intellektuellen Wesen, dem göttlichen Wesen, dem Menschen, der vollständigen sieben Planeten Einrichtung, dem nachgebildeten Menschen.

Ich schicke dir, o König, eine wichtige Abhandlung, aller andern Krone so zu sagen, und mein Denkmahl; nicht nach der gemeinen Meynung geschrieben, vielmehr ihr in vielen Stücken widersprechend; ja die auch dir einigen meiner Behauptungen widersprechend scheinen wird. Hermes nemlich, mein Lehrer, der oft, theils mit mir allein, theils auch in Tats Gegenwart geredet hat, sagte, daß die Leser meiner Schriften sie sehr simpel und deutlich finden würden; wären sie hingegen dunkel, und voll verborgenen Sinnes: so würden die Grie-

chen,

*) Für mich zu mystisch.

chen, wollten sie auch, sie nicht in ihre Sprache über=
setzen können, als welches die größte Verdrehung
und Unverständlichkeit des Inhalts hervorbringen
würde. *) Was ich in meiner Muttersprache aus=
drücke, hat einen deutlichen Verstand, denn auch
selbst der Sprache Beschaffenheit, und der Aegy=
ptischen Worte Kraft, macht den Gedanken hell. **)
So viel dir also möglich ist, o König, du kannst
aber alles, verwahre diese Abhandlung für Ueberse=
tzung, damit solche Geheimnisse nicht zu den Grie=
chen kommen, und der Griechen stolze, und nerven=
lose, gleichsam geschminkte Sprache, meines Aus=
drucks Pracht und Kraft, und der Worte Nachdruck,
nicht verscheuche. Denn die Griechen, mein Kö=
nig, haben leere, ***) prahlerische Geschwätze, und
der Griechen Philosophie ist nichts, als Wortge=
klingel. Wir hingegen haben keine Worte, sondern
mit Sachen erfüllte Töne. ****)

Ich will aber meine Rede mit einer Anrufung
Gottes, des Allherrschers, Schöpfers, Vaters, Be=
schirmers, mit dem Einen, der Alles, und dem All,
das Einer ist, anheben. Denn aller Dinge Fülle
ist Eins, und in Einem, nicht so, daß das Eins den
zweyten Platz einnimmt; sondern daß beyde Eins
sind. *****) Diesen Gedanken, o König, suche bey

Ich

---

*) Der Text hat hier keinen Zusammenhang; ich habe
ihm den zu geben, gesucht, welchen er mir, der Ver=
bindung nach, schien haben zu müssen.

**) Vermuthlich eingeschlichene Randglosse.

***) καινους λογους, Flussas κενους mit Recht.

****) μεγιςας, Flussas μεγιςαις, noch dunkel, ich ver=
muthe μεςαις.

*****) αμφωτερωι ενος οντος, giebt keinen Sinn, besser
αμφοτερα, oder αμφοτερων εν οντων. Den dunkeln

dieſer ganzen Abhandlung dir gegenwärtig zu erhalten. Denn unternimmt jemand, das Univerſum, welches Eins und Daſſelbe ſcheint, von Eins zu trennen, und verſteht Er des Univerſums Nahmen von einer Mehrheit, nicht aber von einer Fülle, welches unmöglich iſt: ſo vernichtet er durch deſſen Trennung vom Eins das Univerſum. Alles nemlich muß Eins ſeyn, wenn anders das Eins exiſtiert; nun aber exiſtiert es, und nie hört alles auf Eins zu ſeyn, damit die Fülle nicht vernichtet werde. *) Auf der Erde ſieht man viele Waſſer= und Feuer= Quellen in den mittelſten Gegenden hervorkommen, und die drey Weſen, Feuer, Waſſer und Erde, aus einer Quelle entſpringen. Daher folgt auch, daß es ein gemeinſchaftliches Materien=Magazin giebt, welches ihren Vorrath liefert, aber von oben ſein Daſeyn erhält. Denn ſo regiert der Schöpfer, ich meyne die Sonne, die Erde, Subſtanz bringt ſie herunter, Materie zieht ſie hinauf, um und in ſich verſamm=

Satz wüßte ich nicht anders zu verſtehen, als ſo: vor Platos Zeiten unterſchieden die Philoſophen Dyas und Monas ſo: erſtere iſt die entgegengeſetzten, die Materie formenden Beſchaffenheiten, alſo allgemeine Urſache; letztere die unförmliche Materie; die alſo erſt auf die Dyas der Würde nach folgt. Plato hingegen, und Philoſophen um dieſe Zeit kehrten es um, und ſagten: die Monas hat höhern Rang; ſie iſt allgemeine Urſache. (Ariſtot. Phyſ. I, 4.) Falſch, ſagt dieſer Verfaſſer; beyde Weſen ſind weſentlich eins, ein Univerſum, eine überall befindliche Gottheit.

*) Dunkel genug bewieſen: deutlicher; wäre das Univerſum nicht eine Subſtanz: ſo würde es kein genau verknüpftes Ganze mehr ſeyn, ($\pi\lambda\eta\rho\omega\mu\alpha$) alſo nicht alles Exiſtierende, alſo nicht Univerſum. Ein von allen Alten, die eine Weltſeele glaubten, behaupteter Satz!

sammlet sie alles, und aus sich giebt sie alles, und schenkt allen reichliches Licht. *)

Sie ist es, deren gute Kräfte nicht nur im Himmel und der Luft, sondern auch auf Erden in den tiefsten Abgrund bringen. Und giebt es eine intellektuelle Substanz: so ist sie der Sonne Masse, und der Sonne Licht ihr Behältniß. **) Woher aber diese entsteht und zufließt, weiß nur die Sonne allein, da sie dem Orte und der Natur nach sich selbst nahe ist, von uns aber nicht gesehen, nur durch erzwungene Muthmaßungen vorgestellt wird. ***) Ihr Anschauen hingegen ist keine Muthmaßung, sondern ihr Blick erleuchtet die ganze sie umgebende Welt. Denn sie wohnt in der Mitten, als Regiererin der Welt, und gleich einem guten Wagenregierer sorgt sie für Festigkeit des Wagens der Welt, und befestigt ihn an sich, damit er nicht unordentlich laufe. Ihre Zügel sind Leben, Seele, Hauch, Unsterblichkeit und Entstehung. Sie läßt die Welt sich bewegen nicht fern von sich, sondern, wenn ich die Wahrheit sagen soll, mit sich. ****)

Auf

*) Gleichfalls dunkel: versteht man unter ουσια geformte Substanz, wie der Gegensatz ὑλη zu wollen scheint, so hat man Licht. Der Sinn: formlose Materie zieht die Sonne an sich, verarbeitet sie, und schickt sie, durch Wärme und Licht geformt, wieder herunter. So lehrten auch schon mehrere Alte, die Sonne nähre sich von der Erde Ausdünstungen, sey der höchsten Gottheit Sitz, und unsers Planeten Regiererin.

**) Intellektuelle Substanz steht der groben fühlbaren Materie entgegen; aus ihr also besteht die Sonne; und der Sonne Licht ist derselben Vehikel.

***) νοει, hängt nicht recht zusammen, wie wenn νοεται;

****) Ein ähnliches Bild gebraucht auch Plato; (Phædr. p. 1221. sqq. Ficin.)

Auf folgende Art bringt sie alles hervor; dem unsterblichen Wesen theilt sie ewige Dauer aus; nach dem obern Licht=Kreise schickt sie Ausflüsse aus dem Theile, der gegen den Himmel gekehrt ist, und erhält dadurch die unvergänglichen Theile der Welt, *) mit dem in die Welt eingeschlossenen und sie erleuchtenden aber belebt sie des Wassers, der Erde und der Luft unermeßlichen Raum, und bewegt sie zu Entstehungen und Veränderungen. Die Thiere in diesen Theilen der Welt schaft sie, gleich einer Haarlocke, um, und verwandelt sie in andere Gattungen und Geschlechter, **) so, daß die Verwandlungen in einander sich entsprechen, wie auch bey den großen Körpern.

Jedes Körpers Dauer ist Veränderung, des unsterblichen unzerstörbare, des vergänglichen trennbare. Dies ist auch der Unterschied des Unvergänglichen vom Vergänglichen, und des Vergänglichen vom Unvergänglichen. Wie aber ihr Licht aneinanderhängend ist, so auch ihre Hervorbringung des Lebens aneinanderhängend, und dem Orte und der Austheilung nach unzertrennlich. Um sie sind viele Chöre von Dämonen, und deren Gesellen großen Armeen gleich, nicht fern von den Unsterblichen. ***)

Von

―――――
*) Der Text hat keinen Zusammenhang; ich vermuthe:
και τη ανω περιφερεια του φωτος εαυτου αναπεμπει, εκ του θατερου μερους του προς ουρανον βλεποντος, τα αθανατα του κοσμου μερη τρεφων.

**) ελικος τροπον, Flussus cochleae more, scheint nicht passend. Das folgende gleichfalls dunkel, aus Verdorbenheit des Textes Zweifelsohne.

***) Dahin versetzt auch Ocellus aus Lukanien die Dämonen; im Himmel wohnen die Götter, auf Erden die

Von hieraus führen sie, wenn das Loos sie trift, die Aufsicht über die Menschen; der Götter Befehl führen sie durch Stürme, Wirbelwinde, Blitze, Verwandelungen des Feuers, und Erdbeben aus; ferner arbeiten sie der Gottlosigkeit durch Hunger und Krieg entgegen; denn dies ist der Menschen größtes Verbrechen gegen die Götter. Der Götter Geschäft ist Wohlthun, der Menschen, fromm seyn, und der Dämonen, strafen. Alles, was die Menschen aus Irrthum, Unbesonnenheit, oder Nothwendigkeit, welche sie Schicksal nennen, begehen, wird von den Göttern verziehen; nur Gottlosigkeit ist der Strafe unterworfen.

Aller Geschlechte Erhalterin und Ernährerin ist die Sonne. Und wie die Intellektual=Welt, die sinnliche umschließend, sie mit mancherley und verschiedenartigen Formen füllt: so vollendet und befestigt auch die Sonne, alles in der Welt umfassend, alles, was entsteht; was abgenutzt und hinfällig ist, nimmt sie auf. Unter ihr steht der Dämonen Chor, oder vielmehr Chöre; denn ihrer sind viele und mannichfaltige; der Gestirne Zwischenräumen einverleibet, und jedem von ihnen an Zahl gleich. *)

Jedem

Menschen, in der mittlern Höhe die Dämonen. (ap. Gale Opusc. Mythol. p. 529.)

*) So ohngefehr beschreibt auch Plato der Dämonen Verrichtungen. (Conviv. p. 1194.) Daß jedes Gestirn mehrere Dämonen hat, ist Neu=Platonischer Zusatz; wie auch, daß die Intellektual=Welt über die sinnliche ist. Doch hat schon Plato den Saamen dazu ausgestreut: ehe die Seele in die Welt kam, wohnte sie an einem reinen ätherischen Orte, wo sie Wissenschaft, Tugend, und das wahrhafte Wesen sah. (Plat. Phædr. p. 1222.) Dies also ist über unsere Welt, und die Intellektual= Welt. In Indien glaubt man auch in jedem Planeten

Jedem Sterne also leisten sie den verordneten Dienst, sie sind von Natur, das ist, nach ihren Kräften, gut und böse; denn eines Dämons Wesen ist Kraft. Einige von ihnen sind auch aus Gutem und Bösem gemischt, und diese alle haben die Macht über irrdische Dinge und über die Verwirrungen auf Erden bekommen; sie verursachen mancherley Unruhen, so wohl Städten und Nationen, als auch Privat-Personen. Denn sie bilden unsere Seelen, und richten sie auf sich, sitzend in unsern Sehnen, Marke, Blut- und Schlag-Adern, ja selbst im Gehirne, und bis in die Eingeweide dringend.

Jeden von uns, so bald er gebohren und beseelt ist, nehmen Dämonen unter ihre Aufsicht, die über unsere Geburt gesetzt, und jedem Sterne vorgesetzt sind. *) Diese verwandeln sich in einem Augenblicke, weil sie nicht stets dieselben bleiben, sondern Abwechselungen unterworfen sind. Diese nun schleichen sich durch den Körper in die zween Theile der Seele, und lenken sie jeder zu seiner eigenen Kraft. **) Der Seele vernünftiger Theil hingegen

<hr/>

Dämonen, und dieser Dämonen Einfluß in menschliche Begebenheiten. (S. Hißmanns Magazin am angeführten Orte.)

*) Daß die Sternen-Dämonen auf unser Leben Einfluß haben, giebt schon Plato zu verstehen. (Phædr. p. 1224.) Die neuern Platoniker haben auf diesem Grunde weiter gebaut.

**) Die zwey Seelen-Kräfte sind $\vartheta\upsilon\mu o\varsigma$ und $\varepsilon\pi\iota\vartheta\upsilon\mu\iota\alpha$, Begierden und Affekten, denn die Vernunft ist, wie gleich folgt, der Dämonen Einflusse nicht unterworfen. Diese beyden Theile nemlich sind, nach Plotin, Ausflüsse der Welt-Seele, eben dadurch dem Fato unterworfen, und eben so viele besondere Dämonen, je nachdem man einem die Oberherrschaft gewinnen läßt. (Plotin. Enneade. B. III, 9. III. IV. 3.)

gegen bleibt von den Dämonen unbeherrscht, zur Aufnahme Gottes geschickt. Dieser Vernunft also leuchtet ein Strahl durch die Sonne. Ihrer sind wenige, und durch sie werden die Dämonen entkräftet, *) denn keiner, er sey Gott, oder Dämon, vermag das Geringste gegen einen Strahl dieses Gottes.

Alle übrigen aber werden, so wohl dem Körper, als dem Geiste nach, von den Dämonen regiert und getrieben, sie lieben ihre Kräfte, denn Vernunft ist keine irrende und irre führende Liebe. **). Die Dämonen folglich regieren alle Dinge auf Erden, und zwar durch unsere Körper als Werkzeuge. Diese Regierung nennt Hermes Schicksal. Die Intellektual-Welt folglich hängt von Gott, die sinnliche aber von der intellektuellen ab; und die Sonne leitet durch intellektuelle und sinnliche Welt den Einfluß von Gott, das ist, vom Guten, das ist, von der Wirkung.

Um die Sonne befinden sich die acht von ihr abhängenden Kreise, der nemlich der Firsterne, die sechse der Planeten, und der irrdische Kreis. Von diesen Kreisen hangen die Dämonen ab, und von den Dämonen die Menschen; sie aber alle, und alles von Gott. Gott folglich ist aller Vater; die Sonne, der Schöpfer; die Welt der Schöpfung Werkzeug. Den Himmel regiert die intellektuelle Sub=

---

*) Der Text ist hier eben nicht der zusammenhängendste.

**) Auch dies nicht zusammenhängend. Daß die Liebe, ερως, Dämonen erzeugt, und uns damit versieht, lehrt Plotin nach seiner Art sehr räthselhaft. (Ennead. III, V, 4.)

Subſtanz,*) der Himmel die Götter, die den Göttern untergeordnete Dämonen die Menſchen. Dies iſt der Götter und der Dämonen Heer. Gott macht ſie durch ſie für ſich; alle ſind Gottes Theile; wenn aber alles Theile: ſo iſt Gott alles. Folglich alles ſchaffend, ſchaft er ſich ſelbſt; und kann hierin nicht aufhören, weil er unermüdet iſt. Und wie Gott kein Ende hat, ſo auch hat ſein Werk weder Anfang noch Ende.

Auch von Körpern giebt es unkörperliche Weſen, wenn du, mein König, es beachteſt. — Und welche, erwiederte der König? — Hältſt du nicht die in den Spiegeln erſcheinende Körper für unkörperlich? — Richtig, mein Tat; du denkſt göttlich, antwortete der König — Es giebt aber noch andere unkörperliche Dinge, zum Beyſpiel die Ideen. Glaubſt du nicht, daß dieſe, obgleich unkörlich, doch im Körper ſichtbar werden? — Gut geſagt, o Tat — So alſo giebt es Reflexionen der unkörperlichen Weſen auf die Körper, und umgekehrt, der Körper auf die unkörperlichen Weſen, das iſt, der ſinnlichen Welt auf die intellektuelle, und der intellektuellen auf die ſinnliche. Bete alſo, o König, die Bildſäulen an, weil auch ſie aus der ſinnlichen Welt Ideen haben — Im Aufſtehen ſagte der König: iſt es nicht Zeit, für die Fremden zu ſorgen? Morgen wollen wir von theologiſchen Dingen weiter reden.

Aes=

---

*) Intellektuelle Subſtanz iſt den Alten der empfindbaren entgegengeſetzt; und daher in verſchiedenen Schulen verſchieden. Plato und ſeinen Nachfolgern iſt ſie das Gute, das Wahre, das Schöne, kurz, die Gottheit und ihre Ideen.

Aeskulap über die der Seele von den körperlichen Modifikationen in den Weg gelegten Hindernisse.

Wenn Musikern, die des hinreissenden Gesanges Harmonien ankündigen, bey der Ausführung, der Instrumente Misklang im Wege steht: so wird das Unternehmen ausgelacht, denn nothwendig muß der Musiker von seinen Hörern verlacht werden, wenn seine Instrumente zum Gebrauche untüchtig sich finden. Er zeigt zwar mit Recht, daß die Kunst unschuldig, nur die Instrumente schlecht sind. So ist auch der von Natur musikalische Gott, der nicht nur des Gesanges Harmonie hervorbringt, sondern auch seines Gesanges Rhythmus über die einzelnen Instrumente verbreitet, dieser Gott, sage ich, ist an sich unermüdet, und nicht zu schwach, denn Ermüdung und Schwachheit kommt Göttern nicht zu. Wenn aber, auf den Willen des Künstlers, sich vorzüglich in der Musik zu zeigen, so, daß bald Trompeten ihre Kunst hören lassen, bald Flöten sanften Gesang hervorbringen, und lauten ertönen; (dies alles nicht erfolgt *): so giebt Niemand dem Athem des Musikers, dem Bessern, die Schuld; sondern ihm die gebührende Ehre, hingegen dem schlechten Instrumente die Schuld, daß es den herrlichsten Dingen im Wege stand, dem Musiker den Gesang, und den Zuhörern die schönen Töne raubte. So wird auch nicht leicht ein Zuschauer unser Geschlecht, wegen unserer körperlichen Schwachheit, mit Recht beschuldigen können.

Viel=

---

*) Dieser Satz, zum Verstande nöthig, scheint aus dem Texte verloschen zu seyn.

Vielmehr wisse er, daß unser Geist unermüdet, und Gott ist, daß er seine eigenthümliche Wissenschaft stets gleich besitzt, daß er unaufhörlich dieselben Glückseeligkeiten und Wohlthaten genießt. Hat auch immerhin dein Künstler Phidias die Materie nicht zum vollkommenen Kunstwerke folgsam seyn wollen: so war doch der Musiker selbst dazu im Stande, so, daß wir ihm die Schuld nicht beymessen dürfen. Vielmehr müssen wir die Saite tadeln, daß sie durch zu große Schwäche oder Stärke des Tons die Harmonie vernichtete; Niemand kann, wegen dieses Zufalls am Instrumente, den Musiker tadeln. Vielmehr erscheint er um so viel größer, je mehr das Instrument unbrauchbar ist; wird ein Ton oft wiederholt, so empfinden die Zuhörer ein desto größeres Verlangen, und können doch dem Musiker nichts zur Last legen.

Auch ihr also, geehrteste Zuhörer, stimmt dem in euch wohnenden Musiker seine eigene Leyer. — Aber ich sehe einen Künstler, der, ohne seine Leyer vorher zu gebrauchen, wenn er zur Ausführung eines großen Stückes geht, als einer, der dasselbe Instrument oft gebraucht hat, den Mangel einer Saite auf eine geheimnißreiche Art ersetzt, damit die Zuhörer diesen Fehler für Bewußtseyn der Größe haltend, desto mehr erstaunen. *) Man sagt auch, daß einem Leyermann, dem der Gott der Musik wohl wollte, und ihn bey einem Wettstreite eine gesprungene Saite hinderte, die Gunst dieses Gottes den Mangel ersetzte, und Ruhm verschafte. Denn statt der Saite setzte sich eine Grasmücke auf die Leyer, füllte den Gesang aus, und gab der Saite Ton an. Der

Hermes Trismegist.   K   Kunst

---

*) In den dunkeln und verdorbenen Text habe ich so viel Sinn, als es der Zusammenhang zuließ, zu legen gesucht.

Künstler, durch diese Ersetzung der Saite vom Kummer erlöst, erhielt den Preis.

Eben dies fühle ich auch, meine geehrtesten, mir wiederfahren, eben habe ich meine Schwachheit gestanden, und noch vor kurzem, daß ich unfähig bin, und nur, wenn mein Gesang vom Könige durch eine höhere Kraft ausgefüllt wird, singe. Also sey auch Preis der Könige, der höchste Nutzen, und ihre Siegeszeichen, meiner Rede Antrieb. Wohlan, ich will anfangen, denn dies ist des Musikers Wille; wohlan, ich will eilen, denn dies ist des Musikers Verlangen, dazu hat er die Leyer gestimmt, er wird reizender singen, und angenehmer musicieren, je größer seines Gesanges Vorwurf ist.

Weil nun zu Königen die Leyer vorzüglich gestimmt ist, und der Lobreden Ton giebt, weil ihr Zweck königliches Lob ist, und zwar zuerst er, der oberste Beherrscher des Universums, der gütige Gott, dem nach der Reihe von oben, die nach seinem Bilde den Zepter tragen (auch selbst den Königen ists angenehm, von oben stufenweise im Gesange herabzusteigen, und ihre Hofnungen dahin zu lenken, wo ihnen der Sieg herquillt): so nahe also der Musiker sich zum höchsten Könige, dem Gotte des Alls, der unsterblich, ewig, und mit ewiger Stärke ausgerüstet ist, dem Sieger, von dem alle Siege herabkommen. Meine Rede eilt zum Preise, zu den Königen, Gebern allgemeiner Sicherheit und des Friedens, die von je her ihre Macht vom obersten Gotte bekommen haben, denen der Sieg von seiner Rechten ertheilt wird, denen Sieges=Belohnungen noch vor der Schlacht, und Sieges=Zeichen noch vor dem Gefechte bestimmt sind, denen nicht nur Herrschaft, sondern auch Vorzug zugetheilt ist, für welche, noch ehe sie sich bewegen, die Barbaren erschrecken.

Aes=

Aeskulap vom Preise des Höchsten und Lob des Königes.

Meine Rede eilt zu ihrem Ziele, und zum Preise des Höchsten, und von da zuletzt zum Lobe der göttlichsten Könige, die uns Frieden verschaffen. Wie ich vom Höchsten, und der Macht dort oben angefangen habe, so werde ich das Ende eben dahin wieder zurücklenken. Und wie die Sonne, aller Gewächse Ernährerin, selbst der Gewächse Erstlinge genießt, durch ihre Strahlen, wie durch lange Hände, die Früchte abmähend; (denn ihre Hände, die Strahlen, ziehen aus den Früchten den feinsten Duft zuerst): so will auch ich, von dem Höchsten ausgehend, nach Empfang des Ausflusses seiner Weisheit, und ihrer Anwendung zu den überirrdischen Pflanzen meiner Seele, mich wieder zu demselben Preise wenden, wozu er mir das Kraut genetzt hat.

Gott, dem unvermischten, und Vater unserer Seelen, müssen zahllose Mäuler und Stimmen Preis darbringen, auch wenn sie es nicht nach Würden vermögen, weil ihre Stimme dazu zu schwach ist. Denn sie, die erst neulich Gebohrnen, können den Vater nicht, wie er verdient, preisen; verrichten sie nun, was sie vermögen, gehörig, so gebraucht er gegen sie Nachsicht. Ja das ist schon Preis Gottes, daß er über seine Geschöpfe erhaben, und aller Lobgesänge Anfang, Mittel und Ende ist, Geständniß, daß der Vater zahllose Kräfte, und unendliche Grösse hat. So sind auch seine Eigenschaften als Herrscher. Von Natur haben wir Menschen, als seine Kinder, Neigung zum Preise; Nachsicht aber, ob wir sie gleich vor dem Gebete vom Vater schon erlangen, müssen wir doch bitten. Denn wie ein Vater neugebohrne Kinder nicht wegen ihrer Ohnmacht verwirft, sondern sich freut, daß sie ihn erkennen, so freut sich auch Er über unsere Erkenntniß des Alls, welche allen Leben ertheilt, und über den Preis Gottes, den er uns geschenkt hat. Weil Gott gütig ist, und stets seine Herrlichkeit in sich hat; weil er unsterblich ist, und stets aus jener Kraft in diese Welt Ausflüsse zum Preise der Erhaltung sendet: so haben dort die Wesen keine Veränderung, und dort ist keine Verschiedenheit, sondern alle denken richtig. Alle haben eine Erkenntniß, einen Verstand, den Vater; eine dadurch hervorgebrachte Empfindung, einander zu lieben, eine Liebe bringt aller Harmonie hervor. So also wollen wir Gott preisen.

Doch laßt uns auch zu denen herabsteigen, die von ihm die Zepter empfangen haben. Denn bey Königen muß man anfangen, bey ihnen sich üben, um sich zum Lobe zu gewöhnen, und zum Preise der Ehrfurcht gegen den Höchsten. Hier muß man sich zuerst im Lobe üben, sich hierdurch in der Uebung stärken, um dadurch auch zur Uebung der Ehrfurcht gegen Gott und des Preises der Könige zu gelangen. Auch ihnen muß man den Dank für des Friedens Wonne bringen. Des Königes Vollkommenheit und bloßer Name schaft Frieden, denn König heißt er deswegen, daß er über Reiche und Hoheit erhaben, und über Frieden Herr ist. Auch daß er über das barbarische Reich erhaben ist, so, daß auch sein Name des Friedens Zeichen ist. Denn oft hat auch des Königs bloßer Name den Feind zurückgehalten, ja auch seine Bildsäulen sind den von des Unglücks Stürmen überfallenen, des Friedes Haafen. Auch hat die bloße Erscheinung, vom Bilde des Königes, Sieg gebracht, und seine Unterthanen für Furcht und Wunden gesichert.

Druckfehler.

S. 2 Z. 1 das Ding, l. die Dinge. S. 2 Note **) Z. 1 σκωτος, l. σκοτος. S. 4 Z. 11 hat, l. hört. S. 5 Note *) Z. 5 Wesen, l. Welten. S. 6 Note *) Z. 1 Φιλα, l ψιλα. S. 9 Note **) Z. 19 Timalus, l. Timaeus. S. 10 Note ***) Z. 8. andern, l. andere. S. 16 Z. 12 so, l. sie. S. 20 Z. 17 Irrwege, l. Irrwegen. S. 21 Z. 14 angehäuft, l. angehaucht. S. 30 Z. 11 empfinden, l. erfinden. S. 30 Note *) Z. 22 possim. l. passim. S. 34 Note *) Z. 12 hier orthodox, l. hier nicht orthodox. S. 38 Z. 1 Sohn, Tat Becher, l. Sohn Tat, Becher. S. 39 Z. 3 schenkte er dem — l. sandte er den — S. 44 Z. 5 allein, l. allen. S. 50 Note ***) Z. 1 χρειττων, l. κρειττων. S. 51 Z. 22 Art, l. Ort.

www.ingramcontent.com/pod-product-compliance
Lightning Source LLC
Chambersburg PA
CBHW032154160426
43197CB00008B/911